I0620207

Relatos de Canadá

Cincuenta relatos reales y fascinantes de grandes acontecimientos y personajes de la historia de Canadá

© Copyright 2024

Todos los derechos reservados. Ninguna parte de este libro puede ser reproducida de ninguna forma sin el permiso escrito del autor. Los revisores pueden citar breves pasajes en las reseñas.

Descargo de responsabilidad: Ninguna parte de esta publicación puede ser reproducida o transmitida de ninguna forma o por ningún medio, mecánico o electrónico, incluyendo fotocopias o grabaciones, o por ningún sistema de almacenamiento y recuperación de información, o transmitida por correo electrónico sin permiso escrito del editor.

Si bien se ha hecho todo lo posible por verificar la información proporcionada en esta publicación, ni el autor ni el editor asumen responsabilidad alguna por los errores, omisiones o interpretaciones contrarias al tema aquí tratado.

Este libro es solo para fines de entretenimiento. Las opiniones expresadas son únicamente las del autor y no deben tomarse como instrucciones u órdenes de expertos. El lector es responsable de sus propias acciones.

La adhesión a todas las leyes y regulaciones aplicables, incluyendo las leyes internacionales, federales, estatales y locales que rigen la concesión de licencias profesionales, las prácticas comerciales, la publicidad y todos los demás aspectos de la realización de negocios en los EE. UU., Canadá, Reino Unido o cualquier otra jurisdicción es responsabilidad exclusiva del comprador o del lector.

Ni el autor ni el editor asumen responsabilidad alguna en nombre del comprador o lector de estos materiales. Cualquier desaire percibido de cualquier individuo u organización es puramente involuntario.

Índice

Introducción

Fundada oficialmente en 1867 (aunque sus cimientos se establecieron mucho antes), Canadá es una tierra de opulentos recursos naturales, distancias insondables y una historia muy rica. Abordar el pasado de este país, con lazos históricos con el Reino Unido y Francia, promete sin duda relatos fascinantes. Durante la historia ha apoyado a ambos bandos durante diferentes conflictos internacionales. En todo este tiempo, Canadá ha sido testigo de cambios sociales y políticos, relaciones incómodas entre sus distintas partes, evoluciones en sus relaciones culturales y su educación y mucho más. Este libro lo introduce al vasto dominio de la historia canadiense y abarca una atractiva selección de información presentada a través de relatos sobre fascinantes acontecimientos históricos.

El libro trata el impacto de la colonización francesa y de los primeros tiempos de la británica y cómo fueron vistas desde la perspectiva de los indígenas. A través de los desafíos y tribulaciones que afectaron a estas naciones, aprenderá sobre su papel en la formación de la sociedad canadiense moderna. Estas historias describen la unión de muchas culturas diferentes, un proceso que no fue corto ni sencillo. Sin embargo, su origen encierra valiosas lecciones sobre conflictos y soluciones, al igual que las historias de guerras y tiempos difíciles. La evolución del gobierno canadiense siguió un camino interesante, empezando por su formación y las etapas iniciales de construcción del Estado, continuando con un prolongado periodo de maduración, el desarrollo de las diferencias regionales y el florecimiento final de las primitivas colonias en las provincias que conocemos hoy.

Un capítulo está dedicado a la Confederación, mientras que varios otros detallan los numerosos elementos de la construcción nacional, como las guerras y otros acontecimientos del tapiz histórico de Canadá. A diferencia de otros libros similares, este ofrece una visión en profundidad de las fluctuaciones socioeconómicas, los contrastes regionales y el desarrollo de las identidades culturales que siguieron a estos acontecimientos.

Tanto si usted es un aficionado a la historia y quiere aprender más sobre la historia de Canadá, como si es un novato en la materia, en este libro puede encontrar respuestas a algunas de las preguntas más interesantes sobre el pasado de este país de una forma coherente, profunda y a la vez fácil de digerir. Si le interesa saber cómo era la vida en Canadá en la época en que estaba formada por unas pocas colonias británicas o bajo el dominio del Imperio francés, o desea estudiar la historia desde el punto de vista de la cultura indígena, no se decepcionará. Como pronto aprenderá, Canadá, como muchos otros países, creció a través de continuos cambios y de la conservación de algunas de sus tradiciones fundamentales. Si le interesa este viaje, que muestra cómo un pequeño pedazo de tierra del siglo XV pasó por una evolución acelerada para resurgir como un entorno populoso e inclusivo en el que hoy en día coexisten diferentes naciones, ¡siga leyendo!

Capítulo 1: Relatos indígenas

Empezando por el relato de la Isla Tortuga, este capítulo lo introduce en el mundo y la cultura de los pueblos indígenas de Canadá. A continuación, se repasan las raíces ancestrales, las tradiciones culturales y las creencias espirituales de los pueblos inuit y mestizos, empezando por el relato de cómo los inuit lograron sobrevivir y prosperar en las duras condiciones de su tierra natal. Posteriormente, se habla de las preocupaciones de los pueblos métis en relación con sus tierras. La historia del proyecto Gran Ballena ilustra los excepcionales métodos de adaptación de los pueblos inuit a los difíciles entornos de Canadá. En la última historia, se habla sobre las repercusiones modernas de los acontecimientos históricos de estas comunidades, que intentan abrazar su pasado para reclamar su futuro.

1. Isla Tortuga: el principio de los tiempos

Antes de que existieran los seres humanos, había un mundo inundado: la tierra limpia de luchas y codicia. Lo único que había eran algunos animales acuáticos, sobre todo somormujos, ratas almizcleras y tortugas. Todo estaba tranquilo y en paz mientras una nueva vida esperaba surgir en la calma del océano que se movía lentamente.

Nanabush, un ser sobrenatural con el poder de crear vida, encargó a los animales buscar tierra. La tortuga lo intentó primero, pero no pudo encontrar tierra en la oscuridad bajo las olas. El somorgujo también lo intentó, pero sus alas no le permitieron llegar muy profundo y tuvo que volver a tomar aire. La rata almizclera, la última esperanza, se sumergió en las profundidades. Estuvo desaparecida durante mucho tiempo y fue dada por muerta, pero finalmente se elevó por encima del agua, sosteniendo un pedazo de tierra.

La tortuga trató de encontrar tierra bajo las olas tras recibir el encargo del Nanabush

https://unsplash.com/photos/iRgbLpf50IE?utm_content=creditShareLink&utm_medium=referra l&utm_source=unsplash

Nanabush cogió la tierra y la colocó sobre el lomo de la tortuga. Esta pequeña isla flotante de tierra se convirtió en Norteamérica y se creó la vida.

Muchas culturas cuentan la historia de una gran inundación que limpió el mundo antes de que la vida se creara de nuevo. La historia de la Isla Tortuga la cuentan muchas culturas indígenas de todo Canadá: las tradiciones orales se han transmitido durante miles de años. Nanabush es conocida como Nanabozo en algunas historias o Weesakayjack en otras. Otras historias, como la de la mujer del cielo, hablan de los cielos donde viven seres sobrenaturales.

La mujer del cielo cayó por un agujero en los cielos y descendió hacia la tierra, guiada por los pájaros. Cayó sobre el lomo de una tortuga y por eso se salvó. En algunas historias, está agradecida y utiliza su poder para hacer crecer la tierra a su alrededor, por lo que creó la Isla Tortuga. En otras, los animales se sumergieron en el fondo del océano para encontrar la tierra. Las personas que poblaron la tierra son descendientes de la mujer del cielo.

La cultura indígena de Canadá es tan rica como la tierra que dio origen a la nación. Los pueblos indígenas se remontan a miles de años atrás, mucho antes de la época de los colonos, y eran tan diversos como lo es el mundo actual. Las historias orales transmitidas de generación en generación comparten algunos temas, pero difieren en los detalles. Esas diferencias pueden ser leves o significativas.

La historia de la Isla Tortuga es un llamado a la acción. Puede ser uno o muchos relatos, dependiendo de cómo se mire, pero en realidad es una sola historia con muchas formas. Para comprender realmente a los pueblos indígenas de Canadá, hay que conocer e investigar sus relatos. De la misma manera en que la rata almizclera sacó la tierra del fondo del océano, hay que sacar estos relatos a la superficie para entender lo que Canadá es como nación.

2. Adaptación al Ártico: supervivencia y sociedades de los inuit

En los confines septentrionales de Canadá se extiende un árido paisaje blanco. La vida de los inuit cuando llegaron a Canadá desde Siberia y más allá, hace 4.000 años, era a la vez nómada y sedentaria.

Era sedentaria porque sabían cómo prosperar en esas condiciones. Cazaban osos polares, zorros árticos, peces y focas únicamente con lanzas afiladas y un equipo de pesca rudimentario, y podían resistir el intenso frío que amenazaba con acabar con sus vidas todos los años. Transmitían sus conocimientos de generación en generación para preservarlos durante milenios.

Y era nómada. Muchas sociedades de las Primeras Naciones eran nómadas y se trasladaban de un lugar a otro para encontrar alimentos y herramientas para sobrevivir un año más. Construían iglús en invierno y casas de hielo en verano. Cuando el hielo se derretía, los inuit se marchaban y la tierra volvía a ser una capa de hielo blanco.

Este modo de vida suena muy alejado de la sociedad actual. Sin embargo, hay muchas más cosas en común con la vida en la tundra canadiense hace 4.000 años de lo que parece a primera vista. Los padres inuit no castigaban físicamente a sus hijos, sino que hablaban con ellos. Los niños solían llevar el nombre de familiares venerados y respetados y se daba mucha importancia a la educación.

En muchos sentidos, vendría bien volver a los modos de vida de los inuit canadienses, cuando todo era más sencillo; vivían en comunidades, ayudándose unos a otros y preocupándose poco por las posesiones materiales (solo llevaban lo que necesitaban para sobrevivir).

La sociedad moderna no puede volver a esos tiempos más sencillos, y los inuit tampoco. Con el tiempo, se han adaptado para ser menos nómadas y, en lugar de los sencillos iglús en los que vivían antes, ahora viven en casas permanentes equipadas con electricidad. Desde 1999 viven en un territorio autónomo, Nunavut. Utilizan herramientas y métodos modernos, pero siguen cazando y pescando como hace miles de años y siguen transmitiendo sus conocimientos de generación en generación.

Aun así, la sociedad moderna puede aprender varias cosas de los inuit. El mundo natural es un ecosistema finamente equilibrado y, si se extrae demasiado, fracasará. Los inuit cazan y pescan para obtener alimentos, ropa y herramientas. Toman de los océanos, los ríos y la tierra, pero no demasiado. Tienen más de 4.000 años de historia y conocimientos y entienden que el entorno natural se puede destruir. Es posible que los inuit hayan adoptado técnicas modernas solo porque estaban disponibles. ¿Cuántas naciones del mundo podrían sobrevivir en esas condiciones si se les arrebatara toda la tecnología moderna?

La respuesta es muy pocas.

Los inuit serían evidentemente los más capaces. Forman parte de Canadá desde antes de que el territorio tuviera ese nombre, y si algo nos dice la historia es que seguirán sobreviviendo. Y aunque nunca es bueno pensar en la desaparición de naciones y pueblos, eliminar las trampas de la sociedad moderna de la cultura inuit podría ser una buena idea.

Junto con la adopción de la sociedad moderna llegaron las maldiciones, epidemias como el alcoholismo, enfermedades y mayores tasas de mortalidad.

Los cambios han sido extremadamente difíciles para muchas culturas indígenas de todo Canadá y no hay respuestas fáciles a los problemas actuales de la vida. Lo único a lo que pueden aferrarse es a la resiliencia y la resistencia. El pueblo inuit, como todos los pueblos indígenas de Canadá, es muy resistente. Han vivido en condiciones y dificultades extremas y solo el tiempo dirá cómo se adaptan a los retos del mundo actual.

3. Louis Riel y la rebelión del río Rojo: un levantamiento mestizo

Louis Riel

https://commons.wikimedia.org/wiki/File:Louis_Riel.jpg

Tras su fundación en 1867, Canadá adquirió nuevos territorios, entre ellos el de Rupert's Land, la tierra gobernada por Rupert, primo del rey Carlos II, quien la cedió a la Hudson's Bay Company. Estas fértiles tierras se encontraban en la cuenca de desagüe de la bahía de Hudson, el mayor ingreso marítimo del este de Canadá. Solo había un problema. El territorio estaba poblado por la colonia del río Rojo, que se sintió ofendida cuando la antigua administración transfirió su patria a Canadá sin consulta, ni mucho menos consentimiento.

Los fundadores de la colonia del río Rojo eran colonos escoceses que habían llegado a la confluencia de los ríos Assiniboine y Rojo del Norte hacia 1812. En 1836, la Hudson's Bay Company se hizo cargo de la administración del asentamiento, habitado ahora por descendientes de cazarrecompensas y viajeros ingleses y franceses atraídos al oeste por el comercio de pieles. De las uniones entre europeos y nativos americanos nacieron los mestizos, que no estaban nada contentos con su régimen, y tenían buenas razones. Habían perdido mucho durante la administración de la bahía de Hudson. Primero que nada, perdieron sus privilegios comerciales, que los había hecho prosperar anteriormente. Y además carecían de protección frente a las constantes amenazas de todas partes. Estados Unidos, Canadá y Gran Bretaña perseguían los territorios de Hudson's Bay, y Canadá consiguió monopolizar el noroeste.

En ese momento, los métis estaban muy preocupados por perder aún más, incluidos sus derechos sobre la tierra y su patrimonio cultural. Sus temores no eran infundados. Incluso antes de que su territorio se transfiriera oficialmente a Canadá, los colonos protestantes habían aparecido en la colonia y empezado a propagar su religión y su cultura, en un intento por hacer retroceder a los mestizos. Una vez más, la colonia del río Rojo no tuvo ayuda para defenderse de este comportamiento intruso. Las negociaciones para el traspaso de las tierras siguieron adelante, como si se tratara de un territorio yermo y sin habitantes humanos.

Para empeorar las cosas, el gobierno canadiense intentó volver a censar las granjas mestizas que se extendían junto a los ríos locales. Por desgracia, los métis no podían demostrar títulos claros sobre sus tierras y temían que el gobierno regional no respetara sus derechos de ocupación. En otras palabras, los métis corrían grave peligro de perder sus granjas. En medio de este caos, un hombre dio un paso al frente para actuar como portavoz de la colonia del río Rojo. Se llamaba Louis Riel y era el líder de uno de los grupos militantes de los mestizos, el que había impedido a los agrimensores entrar en la colonia, desencadenando una de las rebeliones más famosas de la historia de Canadá. El grupo liderado por Riel pronto contó con el apoyo de las comunidades mestizas anglófonas y francófonas. Como el gobierno canadiense no pudo asumir el control en el momento acordado, los rebeldes aprovecharon. Tomaron como rehén el principal puesto comercial de la Hudson's Bay Company hasta que el gobierno canadiense aceptó negociar con ellos. Los rebeldes fundaron un gobierno provisional, nombrando a Riel como su gobernante. Su objetivo era negociar su entrada en la Confederación canadiense. Naturalmente, las cosas no fueron fáciles, ya que los conflictos armados eran cosa de todos los días e incluso provocaron la muerte de Thomas Scott, un prisionero contra el gobierno provisional de Riel.

Tras un invierno caótico, aún más frío por las negociaciones llenas de frustración, el gobierno canadiense reconoció finalmente el gobierno de la colonia del río Rojo y concedió derechos a su pueblo. Sin embargo, la victoria de los métis fue agridulce. A partir de entonces, tuvieron su propia provincia (conocida como Manitoba), un territorio minúsculo comparado con las vastas tierras que la rodeaban, todas ellas pertenecientes al gobierno canadiense. Incluso dentro de Manitoba, los métis solo tenían control sobre sus granjas, ya que todas las tierras públicas seguían bajo control del gobierno canadiense. Y lo que es aún más triste, los títulos de propiedad que Canadá garantizaba inicialmente para reservar tierras a las futuras generaciones de los métis no fueron otorgados. Sin embargo, los métis sobrevivieron a esta y a muchas otras penurias y aún hoy prosperan en Canadá.

4. El proyecto Gran Ballena: una victoria medioambiental para los inuit

El río Gran Ballena, con sus magníficas vistas de orillas cubiertas de líquenes y alrededores protegidos por bosques, desemboca en el lado oriental de la bahía de Hudson. Es el hogar de manadas de caribúes y aves migratorias que lo cruzan siguiendo sus pautas estacionales. En este paraíso subártico, la empresa Hydro-Quebec se propuso construir un sistema hidroeléctrico de proporciones nunca antes vistas. Tras la primera fase de la empresa, conocida como proyecto James, terminada en 1990, hicieron planes para pasar a la segunda, que suponía represar el río y levantar diques para aprovechar la energía cinética. Conocido como el proyecto Gran Ballena, los planes para el sistema prometían resolver no solo los crecientes problemas de escasez de energía de Quebec, sino también los de la vecina Nueva York.

Sin embargo, donde los dirigentes de Hydro-Quebec solo veían el potencial de generar millones de megavatios de energía, los lugareños veían un panorama completamente distinto. Las comunidades indígenas que viven en el territorio abastecido por el río Gran Ballena temían que el proyecto perturbara el ecosistema natural, lo que resultó ser cierto. Incluso antes de que los planes para el proyecto Gran Ballena estuvieran terminados, la primera fase ya había causado la muerte de 10.000 caribúes migratorios al desviar otro río. Según los ecologistas, el nuevo proyecto causaría alteraciones de la región subártica en proporciones similares a las de la destrucción de la selva tropical.

Aunque Hydro-Quebec intentó apaciguar los temores de los pueblos indígenas, prometiendo cuidar de los animales mientras se construía el sistema, no tuvo en cuenta que la producción y el transporte de energía desde las presas provocaría una mayor contaminación ambiental. Y los indígenas, como los inuit, sabían cuánto daño causaría esto a sus comunidades.

En 1984, durante las obras que precedieron al proyecto Gran Ballena, se filtró metilmercurio tóxico en el río La Grande. Fue absorbido por los peces y la vegetación, que murieron. Si el nuevo proyecto seguía adelante, el veneno llegaría también al río Gran Ballena. Cuando las comunidades indígenas plantearon su preocupación al respecto (dado que el mercurio provoca malformaciones congénitas, abortos espontáneos y mortinatos), se les dijo que evitaran comer pescado hasta que los niveles de mercurio disminuyeran. Sin embargo, para ello tendrían que esperar entre veinticinco y treinta años. Para los inuit, que viven en condiciones duras, azotados por el viento y otras fuerzas naturales, el pescado es la principal fuente de sustento, especialmente durante el invierno. Decirles que no coman pescado es como decirles que no respiren.

Los 6000 inuit que vivían en la región estaban hartos de que se silenciaran sus preocupaciones. Aunque el gobierno canadiense prometió concederles el poder de casi dos tercios de los territorios del noroeste, sabían que no se les trataría con justicia en su lucha contra Hydro-Quebec. Tras unir fuerzas con los crees, que también vivían en la desembocadura del río Gran Ballena, contrataron a expertos para desmontar las afirmaciones de que el proyecto no amenazaba la destrucción del ecosistema del río y sus alrededores. También iniciaron acciones legales contra Hydro-Quebec y el gobierno canadiense. Más tarde, llevaron su disputa a Estados Unidos. En 1990, viajaron a Nueva York en un robusto kayak inuit reforzado con la proa de una canoa india para protestar contra las empresas energéticas locales que compraban energía a Hydro-Quebec. Poco a poco, sus esfuerzos empezaron a dar fruto porque, en 1994, tanto la New York Power Authority como Consolidated Edison (los principales compradores) cancelaron su contrato con Hydro-Quebec. Al final, incluso el gobierno canadiense se cansó de la lucha y suspendió el proyecto. Los inuit ganaron y pueden descansar tranquilos sabiendo que han salvado su patria, al menos por ahora.

5. La historia de los inuit y los métis: conocer el pasado para reclamar el futuro

Los inuit y los métis han sufrido innumerables pérdidas a lo largo de la historia de Canadá. La disolución de sus gobiernos, la prohibición de sus prácticas tradicionales y de su lengua provocadas por la colonización iban a tener repercusiones en su futuro. Se les negó la oportunidad de crecer en su identidad, como pueden hacer otras culturas. Ahora, esa identidad está manchada por la conciencia de que tuvieron que negar su propia cultura para sobrevivir durante lo que pareció una eternidad. No podían celebrar sus fiestas porque intentaban integrarse en una cultura que anulaba la suya. Y los que no se convertían sufrían aún más. La opresión de los inuit y los métis tuvo un enorme impacto. Los recuerdos del periodo de colonización se transmitieron de generación en generación y los descendientes que viven en el Canadá actual siguen hablando de aquellos días oscuros. Ahora pueden hablar libremente de su desesperación por ocultar su identidad cultural, algo que no pudieron hacer durante mucho tiempo. Sin embargo, eso no significa que vayan a olvidar nunca.

Otros integrantes, más jóvenes, recuerdan haber sentido confusión sobre su identidad porque sus abuelos aún tenían miedo de hablar de su origen. Les avergonzaba ser quienes eran y querían evitar a los jóvenes el mismo destino. La generación intermedia también tuvo que lidiar con la pobreza y el racismo como consecuencia de la colonización. Junto con las experiencias contadas por sus padres, su vida fue, como mínimo, traumática.

Las experiencias de opresión influyeron definitivamente en la configuración de la identidad de estos pueblos. Algunos, incluso hoy, caminan con la cabeza gacha por miedo a llamar la atención. En la era de la supuesta diversidad y aceptación cultural, esto puede sorprender a muchos, pero es la realidad de los inuit y los métis.

Algunos se enteraron de su herencia hace poco, ya que sus abuelos y bisabuelos nunca aceptaron sus raíces indígenas. Decían ser ingleses o franceses, y así crecieron sus descendientes. Fue necesaria la generación que tuvo acceso a la tecnología para educarse, conocer la verdad y entender por qué fue ocultada. Otros lamentan la pérdida de su lengua como consecuencia de la colonización.

A pesar de estas experiencias, los inuit y los métis esperan reclamar y reforzar su identidad. Aunque esta generación se siente más capaz para iniciar este viaje, las generaciones mayores también se están abriendo a abrazar sus raíces. Quizá nunca puedan proclamar con orgullo su identidad como inuit o métis, pero al menos reconocen quiénes son y de dónde vienen.

En lo que coinciden las generaciones jóvenes y mayores es que su futuro estará siempre ligado a su pasado. Saben lo difícil que es romper el ciclo de la vergüenza y la ocultación y cuánta resiliencia se necesita. Algunos hablan de los problemas de salud mental causados por el trauma intergeneracional provocado por la colonización en sus familias. En el caso de los métis, este dolor se vio agravado por el impacto de los internados y las escuelas diurnas. Se apartó a los niños de sus comunidades durante generaciones, privándoles de una infancia cultural normal. Además, los padres se avergonzaban de no poder dar a sus hijos lo que recibían en los internados. Cuando los niños que asistieron a estas escuelas crecieron y tuvieron sus propios hijos, no sabían cómo criarlos, ya que no contaban con la orientación del estricto régimen en el que ellos mismos habían crecido.

Los debates sobre la conexión con la tierra también traen recuerdos agridulces a las comunidades inuit y métis. Durante mucho tiempo, tuvieron responsabilidades (y no derechos) sobre sus tierras, lo que dificultó aún más la transmisión de su cultura. Estas comunidades prosperaron porque conocían la naturaleza y sentían una conexión con su tierra. Sin esta conexión, se sentían desvinculados y perdidos a la hora de enseñar a las generaciones venideras a crecer trabajando con la naturaleza.

A pesar de las muchas dificultades a las que se enfrentaron debido al colonialismo, los inuit y los métis del Canadá actual están rompiendo su silencio. Se sienten afortunados de saber de dónde vienen, dispuestos a abrazar la fuerza interior y el coraje que permitió a sus generaciones pasadas sobrevivir a las dificultades y las injusticias.

Capítulo 2: Relatos de Jacques Cartier

La historia de cómo Cristóbal Colón navegó hacia el Nuevo Mundo, llegando al Caribe en 1492, es bastante conocida. Una expedición mucho menos conocida es la de Jacques Cartier, el intrépido explorador francés que no solo se aventuró hacia donde pocos se habían atrevido a ir, sino que reclamó una vasta tierra para los reyes de Francia. Este relato es una nueva invitación a zarpar una vez más hacia las brumosas profundidades de la historia. Aunque las hazañas de Colón ocupan un lugar central en los anales de la exploración, el viaje de Cartier revela un tesoro propio: una historia de territorios inexplorados, intrigas reales y una búsqueda que posicionó la flor de lis francesa en el agreste e indómito paisaje de Canadá.

Jacques Cartier, el intrépido explorador francés
https://commons.wikimedia.org/wiki/File:Jacques_Cartier_1851-1852.jpg

6. ¿Quién era Jacques Cartier?

Jacques Cartier nació alrededor del 31 de diciembre de 1491 en la ciudad costera de Saint-Malo, en la Bretaña francesa. Su lugar de nacimiento, Saint-Malo, era famoso por sus tradiciones marítimas y fue el escenario perfecto para un joven destinado a una vida en el mar. Desde muy pequeño, Cartier estuvo rodeado de la cultura marinera de Saint-Malo. La brisa salada, la cadencia rítmica de los barcos en el puerto y las historias de audaces marinos que regresaban de tierras lejanas contribuyeron a forjar su destino. Nacido en el seno de una familia de marineros, Cartier creció impregnado de la tradición oceánica y pronto sintió fascinación por el mundo más allá del horizonte.

La inclinación natural de Cartier hacia el mar se acentuó a medida que maduraba. Entró como aprendiz en casa de sus tíos (armadores de Saint-Malo) para ampliar su formación marítima. Bajo su tutela, el joven Jacques recibió una educación completa en navegación, el arte de los marineros y los negocios del comercio marítimo. Estos aprendizajes fueron cruciales en la vida de Cartier, ya que lo dotaron con los conocimientos prácticos necesarios para una vida en el mar y lo expusieron al mundo más amplio de la exploración y el comercio. Saint-Malo, como bulliciosa ciudad portuaria, era un centro de actividad y un crisol de ideas, lo que la convirtió en el entorno ideal para un joven deseoso de aprender y crecer.

Cartier se embarcó en expediciones pesqueras en el Atlántico Norte mientras perfeccionaba sus habilidades y conocimientos. Estas primeras incursiones en las impredecibles y a veces peligrosas aguas del océano Atlántico le proporcionaron la experiencia que necesitaba para familiarizarse con los retos de la navegación y perfeccionar sus conocimientos en este ámbito. Durante estas aventuras, Cartier conoció la cruda realidad de la vida en el mar, desde el amargo frío de las aguas septentrionales hasta las tormentas que ponían a prueba el temple de los marineros. Estas experiencias resultaron formativas y le proporcionaron la resistencia y adaptabilidad necesarias para los difíciles viajes que le aguardaban.

7. El impulso explorador europeo

Los albores del siglo XVI fueron testigos de una época de curiosidad y ambición sin precedentes entre las potencias europeas. La búsqueda de nuevas rutas comerciales, el atractivo de los productos exóticos y el deseo de ampliar la influencia y la riqueza alimentaron un ferviente deseo de exploración. Los históricos viajes de Jacques Cartier iniciaron en este contexto de competencia marítima.

A principios del siglo XVI, Europa estaba inmersa en lo que más tarde se conocería como la Era de las Exploraciones. El comercio de especias, que traía valiosas mercancías de Oriente a Europa, había estado controlado durante mucho tiempo por una red de intermediarios, lo que encarecía exorbitantemente las especias y otros productos exóticos. Tanto los monarcas como los mercaderes europeos ansiaban eludir a estos intermediarios y establecer rutas comerciales directas con Oriente, una búsqueda impulsada por la promesa de riquezas inimaginables. Este fervor por la exploración se vio alimentado por los viajes de exploradores de renombre como Cristóbal Colón, que tropezó con las Américas en 1492 mientras buscaba una ruta hacia Asia. El descubrimiento de las tierras del Nuevo Mundo encendió la imaginación de los líderes europeos, que veían el potencial de vastas riquezas, nuevos territorios y oportunidades para el trabajo misionero en estos reinos inexplorados.

En medio de este ambiente de exploración, Jacques Cartier se embarcó en su primer viaje histórico en 1534, zarpando de Saint-Malo, Bretaña, bajo el patrocinio del rey Francisco I de Francia. El objetivo de Cartier era encontrar una ruta hacia Asia, concretamente un pasaje hacia las riquezas de Oriente, al igual que otros exploradores de su época. La expedición de Cartier contaba con dos barcos, el Grande Hermine y el Petite Hermine, tripulados por intrépidos marineros y navegantes. El viaje les llevó a través del océano Atlántico hasta la costa oriental de Norteamérica, donde recalaron en la isla de Terranova.

La llegada de Cartier a Canadá marcó el inicio de su extensa exploración del continente norteamericano y de sus encuentros con los pueblos indígenas que habitaban estas tierras desde hacía milenios. En su primer viaje, Cartier se aventuró tierra adentro y exploró el golfo de San Lorenzo y las zonas costeras de la actual Canadá atlántica. Por el camino, documentó la geografía, la flora y la fauna de la región, recopilando valiosos conocimientos sobre este territorio inexplorado.

Aunque el primer viaje de Cartier no le proporcionó el ansiado pasaje a Asia, sentó las bases para futuras exploraciones y consolidó su reputación de hábil navegante y explorador. Sus encuentros con los indígenas y su documentación de la tierra contribuyeron significativamente al creciente acervo de conocimientos sobre el Nuevo Mundo. En retrospectiva, el primer viaje de Cartier fue más que un descubrimiento geográfico; fue el capítulo inicial de un relato de exploración, intercambio cultural y complejas interacciones que configuraron la historia de Norteamérica durante siglos.

8. La cruz de Gaspé: el símbolo de una nueva era

Los viajes de Jacques Cartier a las aguas inexploradas del Nuevo Mundo, en particular sus tres legendarias expediciones entre 1534 y 1543, fueron momentos cruciales de la historia. Sin embargo, dentro de la narración de las aventuras de Cartier, hay un episodio menos conocido, pero profundamente simbólico, que marca un punto de inflexión en su exploración, un momento que unió para siempre el Viejo Mundo con el Nuevo, centrado en la cruz de Gaspé.

Corría el año 1535 y Jacques Cartier emprendía su segundo viaje al Nuevo Mundo. Su primera expedición, en 1534, le había llevado a las costas de Terranova, su primer contacto con Norteamérica. Ahora,

Cartier emprendía una búsqueda más ambiciosa que lo llevó a adentrarse en el continente y en el corazón de lo que hoy se conoce como Canadá. Mientras navegaba por la costa oriental de Norteamérica, llegó a un lugar de especial importancia. Se trataba de Gaspé, una península que se adentraba en el golfo de San Lorenzo. Durante su exploración de Gaspé, él y su tripulación se toparon con un espectáculo imponente: una imponente cruz de madera de nueve metros de altura firmemente clavada en el suelo. Esta cruz, adornada con un escudo con la flor de lis, emblema de Francia, se erguía como un centinela silencioso, una señal dejada por los primeros exploradores europeos.

La cruz de Gaspé no fue un hallazgo aislado. Formaba parte de una tradición más amplia entre los exploradores europeos de reclamar tierras recién descubiertas en nombre de sus respectivos países y religiones. En este caso, la cruz era una declaración de la soberanía de Francia sobre el territorio y un símbolo de la expansión del cristianismo en el Nuevo Mundo. Como era habitual durante la Era de las Exploraciones, Cartier no perdió tiempo en dejar su propia huella en esta nueva tierra. En una ceremonia solemne, tomó posesión de la tierra y de sus habitantes, proclamándolos súbditos del rey Francisco I de Francia. Cartier plantó una segunda cruz junto a la que había descubierto, un gesto simbólico que significaba la reivindicación de Francia sobre el territorio.

Los actos de toma de posesión, o «ceremonias de posesión», fueron recurrentes en la exploración europea de esta época. Servían para establecer reivindicaciones legales y territoriales en nombre de las potencias europeas, a menudo acompañadas de ritos religiosos para afirmar la influencia del cristianismo. La cruz de Gaspé es un poderoso símbolo de los complejos encuentros culturales que tuvieron lugar durante la Era de las Exploraciones. Representaba la colisión del Viejo y el Nuevo Mundo, los exploradores europeos y los pueblos indígenas, las creencias cristianas y las tradiciones nativas.

Para los habitantes indígenas de la región, la llegada de Cartier y sus hombres y la colocación de la cruz debió ser un espectáculo desconcertante. La cruz, potente símbolo del cristianismo, les era ajena, y las ceremonias que acompañaban su plantación, igualmente desconocidas. Este encuentro fue un microcosmos del choque de culturas y creencias que caracterizó la exploración europea del Nuevo Mundo. Marcó el inicio de una relación compleja y a menudo tensa entre los pueblos indígenas de Norteamérica y los colonizadores europeos.

9. El primer contacto: Cartier y el encuentro con los iroqueses

En la historia, a menudo hay momentos en los que dos mundos chocan, y las reverberaciones de esos encuentros dejan marcas permanentes en el curso del desarrollo humano. Uno de esos momentos se produjo durante los viajes de Jacques Cartier al Nuevo Mundo a principios del siglo XVI, un encuentro que alteró para siempre la trayectoria de la exploración de Norteamérica y las vidas de los pueblos indígenas que se encontraron con las expediciones. Este momento crucial, a menudo pasado por alto en favor de otros capítulos de la exploración de Cartier, fue su primer contacto con los iroqueses.

El segundo viaje de Jacques Cartier, emprendido en 1535, ya había producido importantes descubrimientos a lo largo de la costa oriental de Norteamérica, incluido el descubrimiento del río San Lorenzo. En ese momento, Cartier tenía la misión de explorar el interior del continente, creyendo que el río que había encontrado podría ofrecer un paso hacia las riquezas de Asia. Luego de que Cartier se adentrara en el corazón del continente, él y su tripulación llegaron a un punto que resuena a lo largo de la historia: su primer encuentro con los indígenas de la región, concretamente con los iroqueses del San Lorenzo, de lengua iroquesa. Estos dos grupos eran mundos aparte, tanto cultural como tecnológicamente. Los iroqueses del San Lorenzo formaban parte del rico tapiz de culturas indígenas que habían prosperado en Norteamérica durante milenios, mientras que la tripulación de Cartier representaba la vanguardia de la exploración europea.

El idioma, por supuesto, suponía una barrera importante para la comunicación. Cartier y su tripulación no podían conversar directamente con los iroqueses del San Lorenzo y viceversa. Sin embargo, el encuentro no estuvo exento de intercambios. Los indígenas ofrecían pieles y otros bienes, mientras que Cartier correspondía con baratijas europeas y gestos de buena voluntad. Las primeras interacciones se caracterizaron por la curiosidad mutua y el asombro. Para Cartier y sus hombres, los iroqueses del San Lorenzo eran la encarnación viva de lo exótico y desconocido, y los indígenas debían de considerar a los europeos como seres de un reino lejano y misterioso.

Sin embargo, a medida que se sucedían los encuentros, surgían los malentendidos. La falta de comunicación, las diferencias culturales y el inevitable choque de visiones del mundo provocaron tensiones y conflictos. Estos malentendidos no se limitaron a los encuentros de Cartier. Fueron parte integrante del modelo amplio de contacto entre los exploradores europeos y los pueblos indígenas de América. En conclusión, el primer contacto entre Jacques Cartier y los iroqueses del San Lorenzo fue un momento de enorme influencia en la historia de la exploración y colonización de Norteamérica. Fue un encuentro de mundos, un choque de culturas y un punto de inflexión que marcó el destino del continente.

10. El río San Lorenzo: la ruta hacia Nueva Francia

Los viajes de Jacques Cartier al Nuevo Mundo estuvieron marcados por la búsqueda incansable de un paso hacia el noroeste de Asia y sus expediciones no solo se centraron en la exploración, sino también en la navegación estratégica. Uno de los aspectos más significativos de sus viajes fue la utilización del río San Lorenzo como ruta para llegar al corazón de Norteamérica y establecer los cimientos de Nueva Francia.

En 1534, durante su primer viaje, Cartier tocó tierra en la costa oriental de Norteamérica, concretamente en la isla de Terranova. Aunque este viaje no le condujo inmediatamente al río San Lorenzo, le sirvió como trampolín. Cartier empezaba a familiarizarse con la geografía y las posibles rutas que podrían conducirlo más adentro del continente.

Fue durante su segundo viaje, en 1535, cuando Cartier descubrió el caudaloso río San Lorenzo. Navegando río arriba, él y su tripulación exploraron las profundidades de la vía fluvial, descubriendo la intrincada red de afluentes y canales que se convertiría en el centro de sus exploraciones. El río San Lorenzo fue la arteria principal del viaje interior de Cartier, ofreciéndole acceso al continente de Norteamérica, así como su primer encuentro con los iroqueses de San Lorenzo.

Cartier realizó importantes descubrimientos a lo largo del río San Lorenzo. Llegó a un lugar al que llamó «Mont Royal», el emplazamiento de la actual Montreal, y continuó río arriba hasta llegar a un poblado iroqués conocido como Hochelaga (actual Montreal). Este viaje reveló el potencial del río para la exploración y el comercio interior.

El río San Lorenzo no era un mero accidente geográfico, sino una línea de vida estratégica para la visión que Cartier tenía de Nueva Francia.

Las expediciones de Cartier y el uso del río San Lorenzo allanaron el camino para las futuras exploraciones, el comercio y los asentamientos franceses en Norteamérica. La fundación de Quebec en 1608, en la confluencia de los ríos San Lorenzo y San Carlos, consolidó la presencia francesa en la región y marcó el inicio de la importancia perdurable del río para la colonia de Nueva Francia.

11. Efectos de la llegada de Cartier en el desarrollo de Canadá

La llegada de Jacques Cartier a lo que hoy es Canadá tuvo efectos profundos y polifacéticos en el desarrollo de la región. Estos impactos positivos y negativos reverberaron a lo largo de los siglos y desempeñaron un papel fundamental en la configuración de la historia de Canadá.

En el lado positivo, los viajes de Cartier contribuyeron significativamente al conocimiento europeo de la geografía de Norteamérica. Sus mapas y observaciones allanaron el camino para futuras exploraciones y la posterior cartografía del continente. Las interacciones de Cartier con los pueblos indígenas, especialmente los mi'kmaq y los iroqueses del San Lorenzo, iniciaron intercambios culturales y de conocimientos. Estos primeros contactos introdujeron a los europeos en la diversidad de las culturas indígenas y sentaron las bases de futuras relaciones comerciales. Por último, los viajes de Cartier permitieron a Francia reclamar territorio en Norteamérica, que se convirtió en Nueva Francia. Esto sentó las bases para futuras exploraciones y colonizaciones por parte de los franceses y el eventual desarrollo de Canadá como colonia francesa.

Por otra parte, la llegada de los europeos, incluidos Cartier y su tripulación, introdujo nuevas enfermedades en las poblaciones indígenas, como la viruela. Estas enfermedades tuvieron efectos devastadores, causando una importante tasa de mortalidad. Estos primeros encuentros configuraron los retos y tensiones que caracterizaron más tarde las relaciones entre europeos e indígenas.

Las exploraciones de Cartier sentaron las bases de la colonización francesa en Canadá a largo plazo. El establecimiento de asentamientos (como Quebec por parte de Samuel de Champlain en 1608) y el desarrollo de la industria del comercio de pieles sentaron las bases de Nueva Francia. Con el tiempo, las interacciones entre europeos e indígenas dieron lugar a intercambios culturales que enriquecieron a ambas sociedades. El comercio de pieles, por ejemplo, fomentó la cooperación y el intercambio de bienes y conocimientos. La herencia francesa en Canadá, enraizada en las exploraciones de Cartier, sigue influyendo en la cultura, la lengua y las instituciones canadienses.

Sin embargo, la competencia por el territorio norteamericano entre las potencias europeas, en particular Francia y Gran Bretaña, dio lugar a conflictos como la guerra de los Siete Años. El Tratado de París de 1763, que puso fin a la guerra, supuso la cesión de Canadá a los británicos, marcando el fin de Nueva Francia. A medida que se extendía la colonización europea, los indígenas se enfrentaban al desplazamiento y la pérdida de sus tierras tradicionales. Este proceso de desposesión tuvo consecuencias duraderas para estas comunidades. La colonización europea alteró los modos de vida tradicionales, ya que se vieron expuestos a las costumbres, enfermedades y tecnologías europeas. Estas alteraciones contribuyeron a cambios y desafíos culturales.

En conclusión, la llegada de Jacques Cartier a Canadá tuvo efectos de gran alcance en el desarrollo de la región, abarcando tanto contribuciones positivas como consecuencias negativas. Sus viajes iniciaron una compleja red de interacciones, intercambios y conflictos que, en última instancia, configuraron el curso de la historia canadiense, dejando un legado duradero que sigue influyendo en la identidad y los retos actuales de la nación.

Capítulo 3: Historias de los hurón-wendat y las guerras de los Castores

Para retratar fielmente las tristemente célebres guerras de los Castores, este capítulo presenta a sus miembros más destacados, el pueblo hurón-wendat. Además de detallar los matices de su sociedad, su floreciente cultura y su historia, el capítulo también esboza la importancia estratégica del comercio de pieles durante la época y cómo el enfrentamiento por este producto alimentó los conflictos con otros clanes indígenas. En un relato sobre Sainte-Marie, también se conoce cómo los franceses descubrieron la tierra natal de los wendat. Se muestra la dinámica de estas guerras, incluidas las alianzas de los participantes (sobre todo los franceses y los haudenosaunee) y sus desastrosas consecuencias. A través de un angustioso relato de supervivencia y pérdidas, el capítulo subraya los efectos a largo plazo que estos conflictos tuvieron en los hurón-wendat, en otras tribus y en la formación de Canadá. Por último, se ve cómo la intrusión europea en la vida de los indígenas diezmó el número de estas tribus tan trabajadoras.

12. El florecimiento de la cultura hurón-wendat

La nación hurón-wendat procede de una rama de los iroqueses

https://commons.wikimedia.org/wiki/File:Groupe_hurón-Wendat_Wendake_1880.jpg

La nación hurón-wendat procede de una rama septentrional de los iroqueses que, en el siglo XVII, poblaban la región delimitada por la bahía Georgiana a un lado y el lago Simcoe al otro. Esta zona es conocida como Wendake por los lugareños y hurónia por los franceses (hurón es una palabra que proviene del francés y que se usa para la inglesa *wendat*). Formaron una confederación que agrupaba a las naciones de *Ataronchronon* (el pueblo de las ciénagas), *Tohontaenrat* o *Atahontaenrat* (el pueblo de los ciervos), *Attinniaoenten* o *Attignawantan* (el pueblo de los osos), *Atingeennonniahak* o *Hatingeennonniahak* (el pueblo de las cuerdas) y *Arendarhonon* (el pueblo de las rocas). El nombre colectivo, Wendat, significa «habitantes de las islas». Aunque hablaban lenguas similares y tenían raíces comunes, funcionaban con ideologías políticas separadas. Los pueblos de las cuerdas y de los osos fueron los primeros en poblar la orilla norte del lago Simcoe (situado en el actual condado de Simcoe, Ontario). A ellos se unieron las otras tres naciones que emigraron desde la orilla norte del lago Ontario. Inicialmente, el propósito de esta alianza era unir fuerzas temporalmente contra un enemigo común, las naciones Haudenosaunee, que habitaban la orilla sur del lago Simcoe.

El término «iroquoianos» designa una familia lingüística indígena y patrones tradicionales, que incluyen el tuscarora (hablado a lo largo de la costa atlántica media), el cherokee (común en los Apalaches meridionales) y los iroqueses septentrionales (habitantes de la región de los Grandes Lagos, de donde procede el pueblo wendat). Para mayor confusión, los europeos de la época empezaron a referirse a los haudenosaunee (Confederación de las Cinco Naciones) como «iroqueses», que sonaba muy parecido a «iroquoianos».

Antes de forjar una alianza en el lago Simcoe, las comunidades ancestrales wendat vivían a lo largo de los ríos que desembocaban en el lago Ontario. Después de trescientos años, cada nación tenía pueblos bien establecidos y prósperos, como Contarea, Ossossane, Teanaustaye y Scanonaenrat, custodiados por cientos de combatientes armados. Hacia 1620, los rumores del ataque de los haudenosaunee llegaron a estos pueblos, y los wendat se prepararon para enfrentar a los asaltantes. A excepción de los ciervos, estas naciones también disponían de asentamientos cercanos para refugiarse durante los duros inviernos. Además, dados sus estrechos lazos económicos con sus vecinos del norte, los algonkianos, los wendat incluso permitían a los grupos algonkianos pasar el invierno con ellos cuando estos necesitaban refugio. Según los registros jesuitas del siglo XVII, la población total de los wendat se estimaba en unas 35.000 personas. Alcanzaron su máximo número antes de 1634, justo antes de que se produjeran las epidemias.

Gracias a su conocimiento experto de la horticultura, los wendats habían construido una economía próspera. Estaban especialmente orgullosos de sus «tres hermanas» (calabaza, arveja y maíz), que complementaban con plantas recolectadas, animales salvajes y pescado de los ríos locales. Vivían en casas cubiertas con cortezas de árbol, construidas para las familias extendidas por el lado materno (los wendats trazaban su herencia a través de la línea femenina de la familia). Como era habitual en todas las naciones iroquesas, la comunidad socioeconómica básica de los hurón-wendat estaba formada por la familia extensa matrilineal, que incluía a todas las familias nucleares, y las mujeres tenían un punto de origen común a través de su abuela o su madre. La pariente común de más edad de todas las mujeres de la familia estaba a cargo de cada una de estas pequeñas comunidades. Todos vivían bajo el mismo techo, en un hogar de tamaño variable en función del tamaño de la comunidad. Los wendats solo tenían ocho líneas matrilineales ancestrales. Todos pertenecían a uno de estos antepasados comunes. De ahí también procedían los nombres con los que se conocía a las naciones. Cada comunidad ancestral o clan tenía reglas estrictas. Por ejemplo, los miembros de un clan no podían casarse entre sí. Solo podían casarse fuera de sus clanes. Además, los hijos solo podían casarse con miembros del clan de sus padres, pero no de sus madres. Así fue como la pertenencia a un clan se extendió más allá de la aldea de las familias originales y a otros lugares. Esto les permitió construir un sistema en el que los clanes contaban con la ayuda de los demás independientemente de dónde y en qué nación vivieran. Cuando los enemigos o las guerras amenazaban, todos se unían.

Poco a poco, fueron integrando sus aldeas en tribus, creando confederaciones y un gobierno con una estructura, prácticas ceremoniales y sistemas de creencias compartidos. Dos consejos gobernaban cada aldea, uno de ellos se ocupaba de la guerra, mientras que el otro supervisaba los asuntos civiles. No era necesario votar quién entraba en el consejo, ya que los hombres mayores de treinta años se convertían automáticamente en miembros. Sin embargo, no todos tenían voz en todos los asuntos. Los jefes elegidos de familias distinguidas y otros ancianos decidían en la mayoría de los asuntos debido a su estatus y destreza oratoria. Las mujeres tampoco tenían voz en el consejo.

13. Auge y caída de Sainte-Marie

Asentada en la costa oriental de la bahía Georgiana, la nación hurón-wendat encontró su patria ancestral en medio de laderas boscosas y abundantes tierras fértiles. La sociedad matrilineal de comerciantes excepcionales prosperó en esta tierra a la que llamaban Wendake (que se traduce como «la tierra aparte»). Su territorio fue descubierto por primera vez por el explorador francés Samuel de Champlain, cuya visita fue seguida poco después por las de sacerdotes jesuitas franceses en el siglo XVII. Decididos a propagar la fe cristiana adonde fueran y convencidos de que la mejor manera de salvar las almas de quienes encontraban era educarlas en la religión, los jesuitas empezaron inmediatamente a predicar a los indígenas.

Mientras los misioneros se tomaban su tiempo para aprender las costumbres y la lengua de los Wendat, integrándose a su comunidad, el superior de los jesuitas, el padre Jérome Lalemant, abogaba por construir un templo de retiro para los sacerdotes. En 1639, contrataron a obreros franceses para que construyeran un hogar lejos de las aldeas wendat, a orillas del río Isaraqui. Los hurón-wendat la llamaron Sainte-

Marie, y pronto se convirtió en un asentamiento misionero autosuficiente. Además de los esforzados franceses que ayudaron a construirla, la misión recibía frecuentes visitas de los sacerdotes y de los pueblos hurón-wendat. La población local prosperaba gracias al comercio de pieles, la pesca y la agricultura. La historia de Sainte-Marie era bien conocida en Francia gracias a los informes periódicos que el superior jesuita daba a los líderes religiosos franceses. Estos informes también explican por qué los jesuitas no abandonaron la misión hasta después de una década. En 1649, la nación *haudenosaunee* había atacado en numerosas ocasiones a las comunidades hurón-wendat, agotando sus defensas. Para entonces, los hurón-wendat también estaban diezmados por las epidemias. Su número era tan bajo que ni siquiera podían defender Wendake, y mucho menos Sainte-Marie. Ante la amenaza que se cernía sobre ellos y sin posibilidad de refuerzos, los jesuitas, los obreros franceses y los wendats recién convertidos abandonaron la misión. En medio de la angustia y la desesperación, viajaron a la isla de San José, donde pretendían establecer una nueva base. Sin embargo, tras un cruel invierno que los dejó hambrientos y los continuos ataques de los *haudenosaunee*, abandonaron su intento, y todos, excepto los jesuitas, huyeron a Quebec. Las tumbas de los sacerdotes que se negaron a marcharse y murieron como mártires se convirtieron en lugar de peregrinación.

14. Un enfrentamiento por las mercancías: el inicio de las guerras de los Castores

A medida que sus comunidades crecían, los hurón-wendat establecieron estrechas relaciones sociales, comerciales y políticas con varias naciones situadas a lo largo de la bahía Georgiana. Frijoles, maíz, tabaco, fibra de cáñamo indio, conchas marinas, catlinita, cobre y muchas otras mercancías se intercambiaban entre estas naciones. Su alianza militar, forjada en 1609 contra el enemigo común, los *haudenosaunee*, las acercó aún más. Sin embargo, los enemigos también estaban formados por naciones fuertemente unidas (conocidas por los europeos como la Confederación iroquesa). Los *haudenosaunee* estaban mejor organizados que sus adversarios, aunque sufrieron un pequeño revés cuando los europeos entraron en escena y desarrollaron el gusto por las pieles de castor. Los indígenas las suministraban gustosamente porque recibían mosquetes, pólvora y balas mediante un sistema de trueque mutuamente beneficioso. Sin embargo, esto avivó los conflictos entre las tribus, lo que condujo al inicio de las guerras del Castor. La tribu con más pieles obtenía más municiones y dominaba la zona.

Hasta la segunda mitad del siglo XVII, los *haudenosaunee* tenían muchos castores para cazar en su región. Sin embargo, a medida que la población de castores se fue agotando, se vieron obligados a buscar pieles en los territorios de sus adversarios. A partir de 1677, los ingleses colaboraron en estos esfuerzos.

En un intento por recuperar el dominio del comercio de pieles y frenar el agresivo avance de los *haudenosaunees*, los hurón-wendat se aliaron con los franceses, que estaban más que encantados de prestarles su ayuda, dado que dependían del comercio de pieles.

Aunque el intento de los *haudenosaunees* de dominar el comercio de pieles ya era de por sí un acto suficientemente conflictivo, la guerra también se vio fuertemente impulsada por la dependencia francesa de las pieles. Los franceses tampoco eran respetuosos a la hora de decidir dónde y cómo conseguían las pieles para llevar a su base de Montreal. En un momento dado, incluso animaron a sus tribus aliadas a contratar guerreros externos (en su mayoría pertenecientes a la nación algonquina) para que les ayudaran a entregar las pieles. En represalia, los *haudenosaunee* atacaron a todas las tribus a las que descubrieron entregando pieles a los franceses o a sus intermediarios.

Siguió una época de enfrentamientos hostiles que hicieron de las guerras del Castor uno de los periodos más oscuros de la historia de Norteamérica. A medida que los *haudenosaunee* avanzaban hacia el Oeste, remodelaban la geografía tribal. Esto condujo a la destrucción de numerosas confederaciones indígenas, incluidos los hurón-wendat. Otras naciones solo sobrevivieron porque fueron rápidas huyendo hasta la frontera del río Misisipi. Las guerras del Castor también diezmaron a los vecinos de los wendat, los algonquinos, y otros se trasladaron aún más lejos para evitar nuevos conflictos. En un momento dado, más de 20.000 refugiados se reunieron en la pequeña zona de la península de Door, en Wisconsin, que no podía soportar una afluencia de estas proporciones. Como resultado, las tribus empezaron a luchar entre ellas para intentar establecer territorios de caza, pero muchos de ellos morían de hambre o eran víctimas de las diversas epidemias que se extendieron por la zona.

15. La desaparición de los hurón-wendat: una historia de supervivencia y pérdida

La que fuera una próspera comunidad de más de 30.000 miembros, se redujo a 9.000 entre 1634 y 1642. La mayoría de ellos fueron víctimas de una serie de epidemias, como la viruela, el sarampión y la gripe. Después, sus filas disminuyeron aún más, hasta llegar a tener poco más de 4.000 miembros registrados en el siglo XXI.

En su apogeo, los wendats contaban con entre dieciocho y veinticinco prósperos poblados de hasta 3.500 habitantes. Durante los meses más cálidos, mantenían a toda su población con los cultivos y la caza, que practicaban dentro y fuera de sus tierras. Cuando los franceses llegaron a Wendake a principios del siglo XVII, los wendats gobernaban un territorio enorme, más que suficiente para el sustento de sus tribus. Tenían suficientes recursos y mano de obra para fortificar las aldeas más grandes. Estas aldeas estaban estratégicamente situadas cerca de un sólido suministro de agua y de tierras cultivables y construidas sobre una ligera elevación para evitar inundaciones, ya que se encontraban cerca de la orilla del río. Sin embargo, agotaban las fuentes de leña y los nutrientes del suelo cada diez años aproximadamente, lo que les obligaba a trasladarse a territorios más fértiles.

Por desgracia, los wendats solo podían llegar hasta allí, ya que se topaban con tribus enemigas que buscaban los mismos recursos. Hacia 1642, los *haudenosaunee* llegaron al valle de Ottawa, derrotaron a los algonquinos y disolvieron a los hurón-wendats. Después de esta época, los wendats tuvieron más conflictos con otras tribus, diezmando su ya escasa población posepidémica.

Durante las guerras del Castor, algunos wendats, como los pueblos de las rocas y de los ciervos, se salvaron uniéndose a los *haudenosaunee*. Los más de 3.000 antiguos wendats, que ahora fortificaban las filas enemigas, se asentaron entre los onöndowa'ga (o seneca). Eran en su mayoría seguidores de las antiguas tradiciones, mientras que unos mil wendats cristianos siguieron a los jesuitas hasta la bahía Georgiana.

Tras soportar un duro invierno y el hambre, los trescientos wendats restantes se asentaron en la isla de Orleans. Más tarde se les unió otro grupo de refugiados. El asentamiento formado porlos pueblos de los osos, de las cuerdas y de las rocas contaba ahora con algo más de seiscientos miembros que no querían otra cosa que vivir en paz y reconstruir su comunidad. Sin embargo, el destino tenía otros planes para ellos. Para asegurarse el suministro de pieles, los franceses llegaron a un acuerdo con los *haudenosaunee*, que preveía que todos los wendats se unieran a las filas de los *haudenosaunee*, incluidos los que intentaban asentarse más lejos. Así fue como los seiscientos que quedaban perdieron la esperanza de mantener su identidad. Se vieron desaparecer a sí mismos mientras se unían a sus enemigos. Aun así, no todos se doblegaron. Algunos de los habitantes de cuerdas y osos huyeron a Lorette, donde aún residen. Lorette forma parte del territorio que más tarde se convirtió en Canadá, más concretamente en Manitoba, una provincia que desempeñó un papel crucial en la historia de los pueblos indígenas y en la rica evolución del pasado canadiense.

Una pequeña fracción de los wendats tradicionales se negó a unirse a los *haudenosaunee* y se trasladó a los Tionontati en 1649. Esta comunidad recibió más tarde el nombre de *Wyandot* (o *Wyandotte* en Estados Unidos), lo que algunos afirman que fue un intento de preservar su identidad como wendats. Un par de años más tarde, emigraron cerca del lecho del Misisipi, donde se enfrentaron a los dakota (sioux), lo que les obligó a trasladarse más lejos, a Chequamegon. A principios del siglo XVIII, los wyandot, acompañados por los odawa, se asentaron en las afueras de la recién fundada ciudad de Detroit. Tres décadas más tarde, los wyandot se enemistaron con los odawa y sus partidarios franceses, dividiendo sus filas en dos. Unos emigraron al otro lado de Detroit, mientras que los otros se asentaron en el valle del Ohio. Los primeros se aliaron con los franceses durante la guerra de los Siete Años y lucharon después contra los ingleses junto a los pontiac. Sus descendientes viven cerca de Windsor (Ont), en Canadá.

Por otra parte, el grupo del valle del Ohio se vio obligado a ceder sus tierras a Estados Unidos, el que fue solo el principio de sus problemas. En 1830, el Congreso estadounidense publicó la Ley de Traslado de Indios, que permitía al gobierno reubicar a cualquier comunidad indígena en reservas, lo que permitió trasladar a los Wyandot del valle de Oklahoma a Kansas. En 1867, los doscientos miembros restantes fueron trasladados de nuevo, esta vez a una reserva en Oklahoma.

16. Intrusión europea: el impacto del comercio de pieles

Al principio, el comercio que los wendats establecieron con los exploradores franceses parecía una buena idea. Era lucrativo para ambas partes y los europeos estaban de acuerdo en dar una mano contra los *haudenosaunee*. Como muestra de solidaridad con sus aliados indígenas, los voluntarios franceses se unían regularmente a los wendats en sus batallas.

Para fortalecer su ejército y estrechar sus relaciones comerciales, los wendats recibieron a los misioneros franceses con los brazos abiertos, dando cobijo y sustento primero a los recoletos, en 1615, y luego a los jesuitas, en 1625. Estaban abiertos a recibirlos en sus comunidades, aunque sabían poner límites. Cuando se les pidió que consideraran la unión mediante el matrimonio, se negaron varias veces. En su cultura, un matrimonio era una asociación entre dos personas y sus familias extensas y no tenía nada que ver con asuntos públicos. En otras palabras, solo las familias podían decidir sobre las bodas. El consejo no tenía voz en el asunto y no podía organizar matrimonios mestizos con los franceses.

A mediados de la década de 1630, los wendat eran los mayores proveedores de pieles de Francia. Crearon una extensa red de quinientos hombres de varios pueblos que se reunían con los proveedores de camino a las bases francesas cerca de San Lorenzo e intercambiaban las pieles por productos franceses. Sin embargo, esta máquina bien engrasada se vio seriamente amenazada cuando las epidemias redujeron el número de wendats a la mitad en pocos años, a finales de la década de 1630 y principios de la de 1640. Aunque sus vecinos, los algonquinos, sufrieron mayores pérdidas, los wendats tampoco pudieron seguir suministrando la misma cantidad de pieles que antes. Para mantener el ritmo y seguir en buenos términos con los franceses, empezaron a buscar nuevos territorios, aunque esto les pusiera en el camino de los *haudenosaunee*. Aun así, estaban profundamente comprometidos con los franceses y esperaban que sus aliados les devolvieran el favor dándoles ayuda militar. Aunque al principio los franceses parecían estar de su parte, esto cambió pronto.

Los *haudenosaunee* también sufrieron pérdidas durante las epidemias y tuvieron una idea bastante retorcida de cómo reemplazar a sus miembros y recuperar su fuerza. Vieron la solución en la guerra. Atacaban a los clanes vecinos o a sus rivales en el comercio de pieles, mataban a los miembros de su consejo y hacían que los demás se unieran a sus filas, lo que permitía sobrevivir a sus familias. Los guerreros *haudenosaunee* también aprovecharon la oportunidad para absorber a otros clanes poderosos en una sola nación. Su plan funcionó porque, para entonces, ya tenían a los franceses de su lado. Poco a poco, la alianza wendat obligó a casi todos los hurón-wendat a unirse a las filas de los *haudenosaunee*. Aunque esto se hizo bajo la propaganda de formar un país grande y pacífico, sus acciones afectaron enormemente a la identidad wendat. La lengua wendat, antaño bien representada en la familia lingüística iroquesa, está ahora al borde de la extinción. Tras años de migraciones en busca de mejores tierras y de vivir avergonzados tras la colonización canadiense, los wendats perdieron aún más. Afortunadamente, hay varias iniciativas para revitalizar su cultura y su lengua. Aun así, harán falta muchos años para deshacer el daño causado por los siglos pasados, empezando por el fiel acuerdo del comercio de pieles.

Capítulo 4: Relatos del auge del nacionalismo francocanadiense

Las guerras hurón-wendat y de los Castores fueron solo el dramático acto inaugural de la Canadá primitiva, ya que prepararon el escenario para la épica historia del nacionalismo francocanadiense que aún estaba por desarrollarse. La tierra canadiense se había repartido entre imperios como una baraja de cartas en una partida de póquer. Tras establecer con éxito una rica cultura en Nueva Francia, los franceses se encontraron en el medio de disputas territoriales, fervor religioso y los siempre escurridizos beneficios del comercio de pieles, pero emergieron con un nuevo sentido de identidad. Los hurón-wendat les habían mostrado el camino de la resistencia y las guerras de los Castores habían puesto de manifiesto el valor de las alianzas estratégicas. Sin embargo, bajo la superficie aparentemente pacífica, se cocinaban a fuego lento los problemas de la lengua, la fe y la mezcla de influencias europeas e indígenas que dieron lugar a la esencia del carácter francocanadiense.

17. La batalla de Quebec: el nacimiento de la resistencia francocanadiense

A mediados del siglo XVIII, el continente norteamericano era un campo de batalla entre imperios, donde las potencias coloniales británica y francesa se disputaban la supremacía. Este relato señala un momento crucial de la historia: la batalla de Quebec de 1759, que marcó el curso de la identidad francocanadiense. Las raíces de la batalla de Quebec se remontan a una enmarañada red de ambiciones coloniales, disputas territoriales y rivalidades seculares. Los exploradores franceses llevaban mucho tiempo reclamando vastos territorios en Norteamérica, mientras que los británicos intentaban ampliar sus posesiones coloniales. A mediados del siglo XVIII, estas ambiciones se configuraron en un choque de imperios.

General Louis-Joseph de Montcalm

https://commons.wikimedia.org/wiki/File:Louis-Joseph_de_Montcalm_cph.3g09407.jpg

El escenario estaba preparado para la confrontación, ya que los británicos, al mando del general James Wolfe, y los franceses, al mando del general Louis-Joseph de Montcalm, se encontraban en lados opuestos del campo de batalla. Quebec, con sus murallas fortificadas, sus acantilados y su posición estratégica junto al río San Lorenzo, se convirtió en el epicentro de esta lucha. El 13 de septiembre de 1759, las dos fuerzas se enfrentaron fuera de las murallas de la ciudad de Quebec. La batalla fue costosa y brutal, y ambos bandos sufrieron numerosas bajas. El general Wolfe, al frente de un audaz asalto, logró escalar los acantilados y sorprender a los defensores franceses. Trágicamente, ambos generales al mando, Wolfe y Montcalm, resultaron heridos de muerte durante la batalla.

Al final, los británicos salieron victoriosos y los franceses entregaron la ciudad. Esto marcó el inicio del dominio británico en Quebec y la posterior transferencia de Nueva Francia al control británico en virtud del Tratado de París de 1763. La batalla de Quebec y la posterior conquista de Nueva Francia tuvieron implicaciones de gran alcance para la población francocanadiense. Fue un momento que puso a prueba su resistencia, pero también sembró las semillas del carácter distintivo francocanadiense.

Los francocanadienses, que habían vivido en Nueva Francia durante generaciones, se enfrentaron al reto de adaptarse al dominio británico. Estaban decididos a preservar su patrimonio cultural y su lengua, parte integral de su identidad. La Iglesia católica fue un elemento central de la sociedad francocanadiense y constituyó una fuerza unificadora durante y después de la conquista. Los francocanadienses se aferraron a su fe, reforzando aún más su identidad cultural. A pesar del dominio británico, el francés siguió siendo la lengua de la vida cotidiana. Esta resistencia lingüística se convirtió en la piedra angular de su identidad. Los francocanadienses mantuvieron fuertes lazos con la tierra, trabajando a menudo como agricultores en zonas rurales.

18. Los patriotas y la rebelión de 1837: las semillas del nacionalismo francocanadiense

Bajo el dominio británico, los francocanadienses se enfrentaron a retos culturales y políticos, ya que los británicos impusieron sus sistemas jurídicos y administrativos, que a menudo entraban en conflicto con las tradiciones jurídicas francocanadienses. Esto creó un sentimiento de alienación cultural y descontento.

Tras la Revolución estadounidense, muchos lealistas anglófonos emigraron a la Norteamérica británica, lo que aumentó aún más la población anglófona y acentuó sus diferencias. Los francocanadienses tenían una representación política y una influencia limitadas en el gobierno colonial, que dominaban los funcionarios anglófonos. No tenían voz ni voto en las decisiones que afectaban sus vidas.

En 1834, los patriotas, liderados por figuras como Louis-Joseph Papineau, Edmund Bailey O'Callaghan y Louis-Joseph-Amable Trudeau, presentaron 92 resoluciones a las autoridades británicas en respuesta a una serie de agravios. Estas resoluciones exigían importantes reformas constitucionales y una mayor autonomía política para el Bajo

Canadá (actual Quebec). Los patriotas pedían una asamblea legislativa elegida para controlar más los impuestos y los gastos del gobierno. Las 92 resoluciones hacían hincapié en la importancia de proteger los derechos legales y civiles de los francocanadienses, incluido el uso del francés en los procedimientos gubernamentales.

Las resoluciones pretendían limitar los poderes del consejo legislativo no electo y del gobernador, ambos considerados representantes de los intereses británicos y no de la mayoría francocanadiense. La presentación de las 92 resoluciones se encontró con la resistencia y oposición de las autoridades británicas, que se mostraron reacias a conceder las reformas solicitadas. Naturalmente, esta negativa provocó un resentimiento más profundo entre la población francocanadiense.

Con el tiempo, una facción más radical dentro del movimiento patriota comenzó a ganar influencia. Este grupo, liderado por individuos como Wolfred Nelson y Thomas Storrow Brown, se sintió frustrado por el lento progreso de las reformas políticas y comenzó a abogar por una acción más directa y agresiva. En 1837, las tensiones habían llegado a un punto de ruptura. Los patriotas, sobre todo en las zonas rurales, empezaron a organizar la resistencia armada contra las autoridades británicas.

La batalla de Saint-Denis fue uno de los primeros enfrentamientos de la rebelión. Bajo el mando de líderes como Wolfred Nelson y Jean-Olivier Chénier, las fuerzas patriotas se enfrentaron a las tropas británicas. Aunque los patriotas mostraron determinación, al final se vieron superados en número y armamento y fueron derrotados. Tras la batalla de Saint-Denis, tuvo lugar otra escaramuza en Saint-Charles, que ilustró aún más la voluntad de los patriotas de participar en un conflicto armado para desafiar el dominio británico.

Las autoridades británicas declararon la ley marcial en el Bajo Canadá en respuesta a la rebelión. Esta medida supuso una escalada significativa del conflicto. La ley marcial permitió el arresto generalizado de líderes y simpatizantes patriotas. Cientos de personas fueron detenidas. Muchos líderes patriotas, entre ellos Louis-Joseph Papineau, huyeron a Estados Unidos para escapar de la detención. Esto debilitó significativamente el liderazgo del movimiento patriota.

Finalmente, las autoridades británicas sofocaron la rebelión y los líderes tuvieron que enfrentarse a duras consecuencias. Louis-Joseph Papineau se exilió en Estados Unidos y más tarde en Francia, donde vivió hasta 1845. Thomas Storrow Brown fue uno de los ejecutados por su participación en la rebelión. Otros se enfrentaron a penas de prisión, destierro u otras medidas punitivas.

Aunque la rebelión fue aplastada, los acontecimientos de 1837 dejaron un legado duradero. La lucha por los derechos políticos y la representación continuó, contribuyendo en última instancia a los debates en torno a la Confederación en la década de 1860 y a la protección de la cultura y la lengua francocanadiense dentro de la Federación canadiense. La voluntad de los patriotas de levantarse contra el dominio británico dejó un legado duradero de desafío y resistencia. Este espíritu de resistencia siguió influyendo en la búsqueda de los derechos políticos y la representación de los francocanadienses.

Aunque la rebelión fue sofocada, supuso un punto de inflexión en el activismo político francocanadiense. Los acontecimientos de 1837 impulsaron a la población a seguir luchando por las reformas políticas y la representación. La rebelión de 1837 sentó las bases para los debates sobre la Confederación en la década de 1860. Los francocanadienses, recordando sus luchas anteriores por los derechos y la representación, desempeñaron un papel crucial en la configuración de los términos de la Confederación para proteger su patrimonio dentro de la nueva Federación canadiense.

19. Las aspiraciones de Henri Bourassa: una voz para el nacionalismo francocanadiense

En los albores del siglo XX, Canadá experimentaba cambios transformadores. Todavía resonaban los ecos de la Confederación y los francocanadienses se habían asegurado ciertas protecciones y derechos dentro de la Federación. Sin embargo, una nueva era de cambios estaba en marcha. El paso de una sociedad agraria a una industrial transformó el tejido económico y social del país. Canadá se involucró cada vez más en los asuntos internacionales, sobre todo a través de sus vínculos con el Imperio británico.

En medio de estos cambios, Henri Bourassa se convirtió en un firme defensor del nacionalismo francocanadiense. Su contribución fue polifacética y estuvo profundamente arraigada en sus convicciones personales. Su compromiso con la preservación de la cultura, la lengua y las tradiciones francocanadienses era inquebrantable. Creía que la supervivencia de la identidad francocanadiense era esencial y que la integración a la mayoría anglófona amenazaba el carácter distintivo de su pueblo.

Uno de los aspectos más destacados de la carrera de Bourassa fue su feroz oposición al servicio militar obligatorio durante la Primera Guerra Mundial. En 1917, a medida que aumentaba la participación de Canadá en la guerra, el gobierno del primer ministro Robert Borden introdujo el servicio militar obligatorio para reforzar las tropas en el extranjero. Bourassa se opuso vehementemente a esta medida porque creía que los francocanadienses no debían ser obligados a luchar en una guerra extranjera. Argumentaba que la guerra no era una causa justa para Canadá y que el reclutamiento era perjudicial para los intereses francocanadienses.

En 1910, Henri Bourassa fundó el periódico *Le Devoir* (*El deber*), que se convirtió en una poderosa plataforma para sus ideas y en una destacada voz del nacionalismo francocanadiense. A través del periódico, Bourassa defendió la importancia de proteger la cultura, la lengua y los derechos políticos de los francocanadienses. Bourassa creía en una fuerte autonomía provincial como medio para proteger los intereses francocanadienses. Lo veía como una forma de salvaguardar la educación, la lengua y la cultura en Quebec y otras provincias con una importante población francocanadiense.

Las ideas y los escritos de Henri Bourassa influyeron en el pensamiento político de Quebec y de todo Canadá. Sus argumentos a favor de la preservación lingüística y cultural resonaron entre muchos francocanadienses e influyeron en el discurso más amplio en torno a la identidad y el nacionalismo canadienses.

20. La Revolución Tranquila: el despertar de la *Belle Province*

En la turbulenta década de 1960, un cambio cultural y político sísmico comenzó a remodelar la provincia de Quebec. Esta transformación, conocida como la Revolución Tranquila (*Révolution tranquille*), fue un momento crucial en la historia del nacionalismo francocanadiense y de la identidad cultural de Quebec, a menudo denominada «*la belle province*» (la bella provincia).

La Revolución Tranquila no surgió de la nada. Fue el resultado de décadas de evolución social, política y económica que habían sentado las bases del cambio. Maurice Duplessis, primer ministro de Quebec de

1936 a 1939 y de 1944 a 1959, era una fuerza conservadora en la política de Quebec. Una Iglesia católica poderosa, una economía estancada y la falta de progreso social marcaron su época. A menudo se llamó a este periodo «La Grande Noirceur» (La Gran Oscuridad). Como primer ministro de Quebec de 1960 a 1966, Lesage fue el impulsor de muchas reformas que definieron la Revolución Tranquila. Su partido, el Partido Liberal de Quebec pretendía modernizar la provincia, desafiar el dominio de la Iglesia y promover el laicismo.

Quebec se enfrentaba a importantes disparidades sociales y económicas, con las zonas rurales a la zaga de centros urbanos como Montreal. Muchos quebequenses vivían en la pobreza y la Iglesia católica controlaba a menudo la educación. Los temas históricos eran el deseo de una mayor autonomía y la preservación de la cultura y la lengua quebequenses. Acontecimientos como la Huelga del Amianto de 1949, que dio lugar a derechos laborales y demandas de mejora de las condiciones de trabajo, sirvieron como precursores de la Revolución Tranquila.

Una de las primeras medidas importantes del gobierno de Lesage fue la nacionalización de la energía hidroeléctrica en Quebec. Esta decisión otorgó al gobierno provincial el control sobre un recurso valioso y una fuente de ingresos. En una ruptura significativa con el pasado, el gobierno afirmó el control sobre el sistema educativo, reduciendo la influencia de la Iglesia. Esta secularización condujo a la creación de un sistema educativo moderno financiado con fondos públicos.

La Ley 101, aprobada en 1977, promovía el uso la lengua francesa en Quebec. Ordenaba el uso del francés en el lugar de trabajo, el gobierno y la educación, y sigue siendo una piedra angular de la política lingüística de Quebec. El gobierno introdujo numerosos programas de bienestar social, incluido un sistema sanitario, para hacer frente a la pobreza y mejorar las condiciones de vida. Estos cambios supusieron un notable giro hacia una sociedad más equitativa.

La escena cultural de Quebec empezó a florecer durante la Revolución Tranquila. La provincia experimentó un auge de la literatura, el cine y las artes. Figuras como Leonard Cohen y Michel Tremblay se convirtieron en iconos populares.

21. La crisis de octubre: el nacionalismo en un punto de inflexión

Las raíces de la crisis de octubre se remontan al contexto histórico más amplio de Quebec y Canadá a mediados del siglo XX. La Revolución Tranquila de los años sesenta marcó el comienzo de un periodo de profundos cambios en Quebec. Puso en tela de juicio las normas tradicionales, amplió el papel del gobierno provincial y trató de afirmar el carácter distintivo lingüístico de Quebec.

Aunque la Revolución Tranquila produjo cambios positivos en Quebec, también dio lugar a un aumento del sentimiento separatista. La Revolución Tranquila tuvo consecuencias políticas, como la aparición del *Parti Québécois* (PQ) bajo René Lévesque. El PQ se fundó sobre los principios de la soberanía de Quebec y abogaba por la independencia de la provincia de Canadá.

Los quebequenses buscaban cada vez más una mayor autonomía política dentro de la Federación canadiense. Este deseo se reflejó en demandas de cambios constitucionales y una federación más descentralizada. El ascenso del radical Frente de Liberación de Quebec (FLQ) añadió un elemento violento al movimiento separatista. El FLQ, fundado en la década de 1960, fue responsable de una serie de atentados con bombas y secuestros cuyo objetivo era promover su visión de un Quebec independiente y socialista. Sus acciones aumentaron la tensión y pusieron en peligro la capacidad de las autoridades para mantener la ley y el orden.

La crisis comenzó el 5 de octubre de 1970, cuando miembros del FLQ secuestraron a James Cross, comisario de comercio británico en Canadá, en su domicilio de Montreal. El FLQ exigió la liberación de los presos políticos y la publicación de su manifiesto. La aparición del Frente de Liberación de Quebec (FLQ) desempeñó un papel crucial en la preparación de la crisis de octubre. El FLQ surgió como un grupo separatista radical influido por la ideología marxista-leninista. Su objetivo era establecer un Quebec independiente y socialista por medios violentos si era necesario. Los líderes del grupo creían que tales acciones eran necesarias para hacer avanzar su causa.

Antes de la crisis de octubre, el FLQ llevó a cabo una serie de atentados y actos de violencia en Quebec. Entre ellos, pusieron bombas en edificios gubernamentales y realizaron ataques selectivos contra personas relacionadas con el gobierno o la policía. Las acciones del FLQ crearon un clima de miedo y agitación en Quebec. El FLQ exigía la liberación de los presos políticos, la publicación de su manifiesto y el reconocimiento de Quebec como estado independiente. Sus secuestros y atentados pretendían presionar a las autoridades para que cumplieran sus exigencias y avanzaran en su programa separatista.

En respuesta al secuestro, el 16 de octubre de 1970 el primer ministro Trudeau invocó la Ley de Medidas de Guerra, que otorgaba al gobierno federal poderes extraordinarios, incluido el despliegue militar, para mantener la ley y el orden. El 10 de octubre de 1970, el FLQ intensificó sus acciones secuestrando a Pierre Laporte, ministro del gabinete provincial de Quebec. Trágicamente, Laporte fue encontrado muerto el 17 de octubre, marcando un giro devastador en la crisis. Tras 59 días de cautiverio, James Cross fue liberado el 3 de diciembre de 1970, a cambio del salvoconducto de sus secuestradores a Cuba. Con la imposición de la Ley marcial, las autoridades canadienses iniciaron una amplia represión contra los miembros y simpatizantes del FLQ. Muchos fueron detenidos y la organización quedó gravemente debilitada.

A corto plazo, la crisis puso de manifiesto la fragilidad de la unidad nacional de Canadá. Puso de manifiesto profundas divisiones y agudizó las tensiones entre Quebec y el resto del país. La invocación por parte del gobierno de la Ley de Medidas de Guerra fue controvertida y dio lugar a debates sobre el uso adecuado de los poderes federales y las libertades civiles en tiempos de crisis.

La crisis tuvo repercusiones políticas. La gestión de la situación por parte de Trudeau suscitó tanto elogios como críticas. Los quebequenses reeligieron al gobierno provincial dirigido por el primer ministro Robert Bourassa, mostrando su deseo de estabilidad y continuidad. Con René Lévesque, el PQ se distanció de los métodos violentos del FLQ. Esta distinción ayudó al partido a ganar legitimidad y, finalmente, a ganar las elecciones provinciales de Quebec en 1976.

En conclusión, el auge del nacionalismo francocanadiense representa un viaje complejo y duradero de preservación cultural, lucha política y búsqueda de derechos y reconocimiento. Una de las contribuciones más significativas del nacionalismo francocanadiense ha sido la preservación y celebración de la lengua y la cultura francesas en Canadá. El compromiso duradero con el carácter distintivo lingüístico y cultural ha dejado una huella indeleble en la sociedad canadiense. Hoy en día,

Canadá reconoce con orgullo tanto el inglés como el francés como lenguas oficiales, lo que refleja un compromiso con el bilingüismo que surgió de las luchas y aspiraciones de los francocanadienses.

La rebelión de 1837, la Revolución Tranquila y la crisis de octubre son acontecimientos dignos de mención que han configurado el sistema federal de Canadá y el delicado equilibrio entre los poderes provinciales y federales. La evolución del nacionalismo francocanadiense ofrece valiosas enseñanzas para otras naciones plurales y multilingües que se enfrentan a problemas de identidad y representación. El compromiso de Canadá con la protección de los derechos de las minorías, la promoción de la diversidad lingüística y el fomento de la inclusión sirve como modelo para las naciones que tratan de navegar por las complejidades de la diversidad cultural y lingüística, manteniendo al mismo tiempo la cohesión nacional.

En la Canadá actual, el legado del nacionalismo francocanadiense se celebra de diversas maneras, desde el bilingüismo en los servicios gubernamentales hasta los festivales culturales que muestran la vitalidad del patrimonio francocanadiense. Los relatos sobre la resistencia, la búsqueda de derechos y el compromiso con la preservación cultural siguen inspirando a canadienses de todos los orígenes.

En el siglo XXI, Canadá se erige como una nación orgullosa de su diversidad, donde los valores de la inclusión, el multiculturalismo y el respeto por las diferencias lingüísticas y culturales se entretejen en la sociedad.

Capítulo 5: Relatos de la Confederación canadiense

Aunque Canadá es hoy uno de los países más grandes del mundo, la historia ha sido testigo de su accidentado camino hacia la unidad. Antes de 1867, Canadá estaba dividido en tres regiones: Nueva Escocia, Nuevo Brunswick y la provincia de Canadá, todas ellas bajo control británico. Las cosas cambiaron cuando estos territorios unieron sus fuerzas y se independizaron de los británicos. El acto se denominó Confederación canadiense y marcó el nacimiento de Canadá tal y como la conocemos hoy.

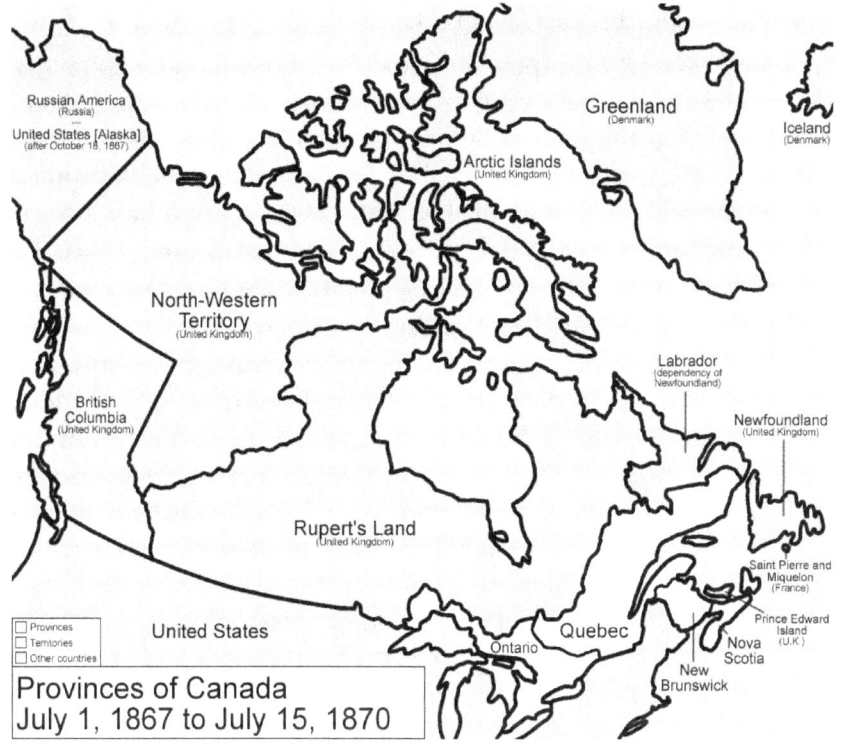

Las provincias canadienses de 1867 a 1870

No se proporciona autor legible por máquina. Golbez supuesto (basado en reclamaciones de derechos de autor). CC BY-SA 3.0 http://creativecommons.org/licenses/by-sa/3.0/, vía Wikimedia Commons: https://commons.wikimedia.org/wiki/File:Canada_provinces_1867-1870.png

¿Qué ha llevado a Canadá a dar este paso histórico? Muchos acontecimientos interesantes condujeron a la Confederación canadiense, que se analizarán en este capítulo.

22. Destino manifiesto

En el siglo XIX, Estados Unidos tenía grandes aspiraciones. Esto era obvio para estadounidenses y no estadounidenses. Incluso sus periódicos hablaban mucho del tema. El periodista estadounidense John Louis O'Sullivan acuñó el término «destino manifiesto» al describir las ambiciones de su país. El término se refería a la creencia de Estados Unidos de que estaba destinado a expandirse y apoderarse de Norteamérica. Esto empezó con la adquisición de Texas, pero no fue suficiente. Sus dirigentes y ciudadanos instaron al gobierno a mostrar al mundo su verdadero poder apoderándose de los territorios británicos, que incluían Nueva Escocia, Nuevo Brunswick y la provincia de Canadá.

En aquella época, el Imperio británico se expandía rápidamente y los estadounidenses no se sentían cómodos con su presencia en Norteamérica porque no confiaban en ellos tras la guerra de independencia. Tras la guerra de 1812, Gran Bretaña estaba dividida, lo que la dejaba vulnerable y débil. Esta situación presentó la oportunidad perfecta para que Estados Unidos se apoderara de las colonias británicas.

Durante la guerra civil, los británicos se mantuvieron neutrales y se negaron a tomar partido, o eso parecía. Entre bastidores, la historia era totalmente distinta. Los británicos ayudaban en privado al Sur a derrotar a los estados del Norte. El Norte era consciente de la traición británica. Su periódico pedía la expansión y tomar el control de Canadá para compensar las colonias perdidas. Por otro lado, los británicos querían hacerse con el control de los territorios del norte y el oeste para evitar que Estados Unidos los anexara.

Canadá era consciente del destino manifiesto y de la ambición de expansión de Estados Unidos. En 1867, Estados Unidos compró Alaska a Rusia, lo que hizo temer a Canadá que su territorio fuera el siguiente. Las provincias de Canadá, Nuevo Brunswick, Nueva Escocia y otras colonias británicas estaban conmocionadas por el caos y la violencia durante la guerra civil. Creían que el gobierno estadounidense era débil y había desempeñado un papel importante en el estallido de la guerra.

Las colonias se dieron cuenta de que la única forma de enfrentarse a Estados Unidos y liberarse de los británicos era uniéndose y formando un gobierno fuerte. También vieron que Gran Bretaña no estaba dispuesta a defenderlas en caso de una invasión estadounidense.

El Norte tenía un ejército extremadamente poderoso tras su victoria en la guerra civil. Guardaban rencor a los británicos por haber ayudado al Sur contra ellos y esperaban la oportunidad de vengarse. Un ejército fuerte y un enemigo débil les dieron la oportunidad perfecta para atacar las colonias británicas y lograr sus objetivos.

Invadir Canadá era el único tema de discusión en el Norte. Los periódicos no hablaban de otra cosa que del deseo de Estados Unidos de anexar a Canadá. Muchos líderes políticos del país apoyaban la invasión. Los canadienses sabían que la amenaza del Norte era real, especialmente tras la compra de Alaska.

El Norte empezó cancelando el acuerdo de libre comercio con Gran Bretaña y ofreciendo a las tres colonias británicas la oportunidad de ocupar el lugar de Gran Bretaña.

El ambiente político era inestable y las provincias británicas temían la invasión del Norte y no estaban dispuestas a pagar por la protección de Gran Bretaña. Tenían que actuar de inmediato.

La Confederación era la mejor opción para británicos y canadienses. Beneficiaba a Gran Bretaña al permitirle reducir su carga militar y económica en América. Si las colonias británicas se unían y se independizaban del Reino Unido, Gran Bretaña no sería responsable de ellas. También era una forma honorable para Gran Bretaña de alejarse sin experimentar vergüenza o derrota. Las colonias británicas también se beneficiaron de la Confederación, ya que la unidad aumentó su fuerza y poder.

Otra razón para la Confederación canadiense era la dificultad de gobernar Canadá Este y Canadá Oeste bajo una misma legislatura. Canadá prosperaba y crecía en todos los aspectos: económico, político y social. Sin embargo, se enfrentaba a muchos problemas. En Canadá Este, la Iglesia católica inglesa estaba ganando mucho poder y recibía una gran cantidad de fondos del gobierno.

En Canadá Oeste, los protestantes ingleses estaban hartos de la Iglesia católica francesa. La tensión constante entre ambos países provocó desavenencias políticas y gobiernos inestables. La situación empeoró con la división entre las Iglesias católica y protestante. El gobierno se esforzó por resolver todos estos problemas. Necesitaban hacer ciertos cambios que en ese momento eran imposibles. Pensaron que unirse a la Confederación podía ser su mejor solución.

Muchos países se crearon a partir de una guerra o una revolución. A menudo se derramó sangre, sudor y lágrimas para conseguir la independencia. En cambio, este no fue el caso de Canadá. El país nació entre negociaciones y conferencias.

23. La conferencia de Charlottetown

La conferencia de Charlottetown fue una de las reuniones más influyentes de la Confederación canadiense y fue el acontecimiento que puso en marcha todo el proceso. La conferencia tuvo lugar en septiembre de 1864 en Charlottetown, la capital de la Isla del Príncipe Eduardo, y duró nueve días. Representantes de la Isla del Príncipe

Eduardo, Nueva Escocia y Nuevo Brunswick organizaron la conferencia para debatir la unión de los tres territorios.

Curiosamente, un grupo de la provincia de Canadá que en principio no iba a asistir a la conferencia desempeñó un papel muy importante. Fueron ellos quienes convencieron al resto de provincias para que se sentaran a hablar sobre su futuro y su independencia de Gran Bretaña y Estados Unidos.

No fue una conferencia ordinaria, ya que los partidos no limitaron sus discusiones a la política. Pasaron los días deleitándose con lujosas comidas, charlando y forjando amistades. Quizás fue el momento para que todos los territorios se dieran cuenta de que tenían más en común de lo que pensaban. El octavo día de la conferencia, los organizadores ofrecieron un gran banquete, y las celebraciones duraron toda la noche. Después, de vuelta a los negocios. Tras la conferencia, se celebraron más reuniones en Fredericton, Saint John y Halifax. En noviembre, los representantes concluyeron sus conversaciones en Toronto.

Hubo muchos acontecimientos antes de la conferencia que empujaron a las tres provincias a unirse. En 1862, un proyecto de ferrocarril intercolonial iba de Halifax a la ciudad de Quebec. Sin embargo, la provincia de Canadá se mostró reacia a pagar su parte. Esto impulsó a las ciudades marítimas a unirse y pagar juntas el proyecto. Creían que la unión aumentaría su fuerza política y atraería inversores. Los habitantes de la Isla del Príncipe Eduardo estaban entusiasmados con el proyecto, pero muchas de las otras colonias no compartían el mismo sentimiento.

La provincia de Canadá estaba dispuesta a crear una unión con las colonias marítimas porque temía la invasión estadounidense. El Norte había ganado mucho poder tras la guerra civil, y la idea del «destino manifiesto» preocupaba a muchos canadienses. Gran Bretaña también quería reducir su presencia en Norteamérica y se planteó dejar que Estados Unidos se hiciera cargo de las colonias británicas. La provincia de Canadá sabía que sería presa fácil de los estadounidenses si no potenciaba su poder en la región. Su gobierno también era poco fiable y débil y la población abogaba por un cambio y un nuevo entorno político. Todos estos factores impulsaron a la provincia de Canadá a crear una unión con las colonias marítimas.

Las noticias de la conferencia de Charlottetown llegaron a los dirigentes canadienses, que encontraron en ella una gran oportunidad para reunirse con otros líderes y discutir su futuro. El gobierno canadiense envió un representante a pesar de no figurar en la lista de invitados. Sin embargo, fue recibido con los brazos abiertos.

Cada una de las colonias marítimas envió cinco representantes. Nueva Escocia envió al primer ministro conservador Charles Tupper, al fiscal general William Alexander Henry, al líder liberal Adam George Archibald, a Jonathan McCully y a Robert Barry Dickey. Los representantes de Nuevo Brunswick fueron los líderes conservadores John Hamilton Gray, Edward Barron Chandler, el fiscal general John Mercer Johnson, el ministro William Henry Steeves y el premier Samuel Leonard Tilley. Las Islas del Príncipe Eduardo enviaron al premier conservador John Hamilton Gray, a Edward Palmer, a William Henry Pope y a los liberales Andrew A. Macdonald y George Coles.

La conferencia reunió a muchas colonias británicas, desde las ciudades más grandes hasta los pueblos más pequeños. Los representantes de la provincia de Canadá utilizaron su influencia para convencer a las pequeñas ciudades marítimas de que aceptaran una nación más grande y unida. Las provincias marítimas siempre habían pensado en una alianza con la provincia de Canadá, así que cuando se presentó la oportunidad, no lo dudaron.

Los representantes de Nueva Escocia acogieron con satisfacción la unión, ya que consideraban que había llegado el momento de unir a todas las colonias. John Hamilton Gray, uno de los representantes de Nuevo Brunswick, estaba muy ilusionado con la confederación, ya que llevaba reclamándola desde 1849.

George Coles, uno de los representantes de las Islas del Príncipe Eduardo, también acogió con satisfacción la idea de una nación unida. Sin embargo, ponía una condición: la capital debía situarse en Charlottetown. Los representantes de las demás provincias consideraron esta petición muy poco realista.

Tras deliberar durante un par de días, los canadienses invitaron al resto de representantes a su barco, el Queen Victoria. Aquel día se produjo un divertido incidente que demostró que por fin estaban de acuerdo. Uno de los canadienses dijo que si a alguien se le ocurría alguna razón por la que estas provincias no debían unirse en sagrado matrimonio, que hablara ahora o callara para siempre. Los asistentes se echaron a reír, dejando claro que la conferencia de Charlottetown había sido un éxito.

Aunque aún no habían acordado todos los términos, las risas y la diversión en la sala indicaban que estaban preparados para dar este paso. Los representantes pasaron los días siguientes deliberando. Los canadienses querían que la confederación les concediera plena autonomía sobre las regiones francocanadienses. También dejaron claro que las provincias marítimas solo disponían de un año para llegar a un acuerdo sobre la Confederación. El 7 de septiembre aceptaron las condiciones de la Confederación.

Los representantes celebraron otra reunión en Quebec. Discutieron varios temas relacionados con la Confederación y prepararon una constitución para gobernar todas las provincias. Era necesario que la constitución fuera diferente de la estadounidense, ya que los canadienses no querían asociarse con el tono revolucionario que esta tenía.

24. Sir John A. MacDonald

Sir John A. Macdonald fue uno de los personajes más destacados de la Confederación canadiense

https://commons.wikimedia.org/wiki/File:Portrait_of_John_A_Macdonald_by_Delos_C_Bell.jpg

Sir John A. MacDonald fue uno de los personajes más destacados de la Confederación canadiense. Nació en Escocia el 10 de enero de 1815 y murió en 1891 en Canadá. Fue abogado y primer ministro canadiense. A menudo se le describe como el padre de la Confederación canadiense. Desempeñó un gran papel en la conferencia de

Charlottetown y en muchas otras conferencias antes de finalizar el acuerdo. Actuó como líder de todas las colonias británicas y demostró su valía durante las delegaciones. Como resultado de su duro trabajo, fue elegido primer ministro de la nueva Canadá unida.

Durante varias conferencias, expresó su deseo de una unión legislativa frente a una federal. Sin embargo, más tarde se dio cuenta de que un sistema legislativo no era práctico. Pensó que no se adaptaría a las necesidades de Canadá Este, que era minoritario. Los habitantes de Canadá Este tenían nacionalidades diferentes, hablaban idiomas distintos y practicaban religiones diferentes. Les preocupaba que, si interactuaban con otras culturas canadienses, pudieran perder su identidad y su historia. Los canadienses del Este estaban muy orgullosos de su herencia y habían soportado prejuicios y ataques constantes, pero aun así se aferraban a su individualidad.

John se dio cuenta de que la única solución era abandonar la esperanza de una confederación y crear un sistema que preservara la cultura y la identidad de cada provincia. Tras unir las provincias canadienses, el sistema federal daría cabida a diferentes regiones, religiones y razas.

No tuvo más remedio que aceptar el sistema federal, pero insistió en que debían tener cuidado o podrían terminar haciendo una constitución federal similar a la de EE. UU. Quería que Canadá aprendiera de los errores de EE. UU. para evitar una guerra civil. Durante una de las conferencias de la Confederación, John explicó en qué se había equivocado Estados Unidos. Habían tratado a cada estado como un soberano y le habían dado más poder que al gobierno general. En Canadá, todo el poder lo tenía el gobierno general sobre los gobiernos provinciales. En lugar de crear una provincia federal y arriesgarse a repetir los errores de EE. UU., creó un «federalismo centralizado».

Aunque esta era la mejor opción para satisfacer a todas las partes, a él no le convencía. Por suerte, el gobierno imperial reconoció su genio y pericia y lo eligió primer ministro. Esto le dio la oportunidad de remodelar la constitución. John pasó los 25 años siguientes a la Confederación aplicando su sistema federal. Logró éxitos como la creación de una política nacional, un dominio de mar a mar y la apertura del Oeste.

La influencia de Sir John aún resuena en nuestros días. Fue una figura clave en la unificación de las colonias británicas, contribuyó a las instituciones canadienses y creó el sistema escolar canadiense.

Otras figuras significativas influyeron en la Confederación canadiense, como el político George Brown, que fue persistente y no se rindió hasta que la Confederación se hizo realidad. Sir George-Étienne Cartier fue otra figura que garantizó los derechos de cada provincia. A estos hombres se les llamó los padres de la Confederación.

Aunque no lo pareciera, las mujeres también desempeñaron un papel importante. Las esposas e hijas de los padres de la Confederación reciben el nombre de madres de la Confederación. Asistían a las reuniones sociales de Quebec, Londres y a las conferencias de Charlottetown.

25. Terranova se une a la Confederación

En las décadas de 1860 y 1890, la Confederación canadiense intentó por todos los medios convencer a Terranova para que se uniera. Sin embargo, no estaban interesados porque creían que su futuro estaba con Inglaterra y no se asociaban con las colonias americanas.

Estados Unidos tenía uno de los ejércitos más poderosos de la región y Canadá temía que invadieran Terranova. Debido a esta amenaza, Canadá estaba dispuesta a hacer todo lo posible para que Terranova se uniera a la Confederación.

Durante la Gran Depresión, la economía de Terranova se vino abajo y la isla se encontraba en una pésima situación financiera. Consideraron la posibilidad de unirse a la Confederación canadiense para salvarse, pero no estaban dispuestos a renunciar a su independencia. Decidieron que la mejor opción era suspender su gobierno, convertirse en colonia británica y dejar que el país europeo cubriera su deuda. En 1948, tras la Segunda Guerra Mundial, se volvió a hablar de la adhesión de Terranova a la Confederación.

A los habitantes de Terranova se les dieron tres opciones: permanecer bajo control británico, independizarse o unirse a la Confederación canadiense.

Los terranovenses celebraron elecciones y cerca del 52 % votó a favor de unirse a la Confederación. Canadá y Gran Bretaña aceptaron la elección de Terranova.

El primer ministro de Terranova, Joseph Smallwood, viajó a Ottawa para reunirse con el primer ministro canadiense, Mackenzie King, y discutir los términos de la unión, que ambos parlamentos habían aprobado.

En 1949, Terranova fue la última provincia en unirse a la Confederación. El nombre de la isla ha cambiado a lo largo de los años y ahora se llama Terranova y Labrador.

La capital de la provincia, San Juan, es la ciudad más antigua de la Confederación. Durante siglos, los pescadores europeos acudían a las costas de Grand Banks, lo que convirtió a la ciudad en una de las más importantes de la región. Tras la adhesión de Terranova a la Confederación, Canadá alcanzó su sueño «de mar a mar».

Smallwood prometió a la Confederación arreglar su país e impulsar la economía. Esto resultó ser una tarea fácil, ya que Terranova se benefició enormemente de su adhesión a la Confederación.

26. Las implicaciones de la Confederación canadiense

La Confederación canadiense tuvo una enorme repercusión en Canadá y en el mundo. Consiguió su dominio como país democrático y federal. Este sistema funcionó para Canadá, ya que lo sigue utilizando en la actualidad. La Confederación le permitió ampliarse a diez provincias sin derramar una gota de sangre. Después de que la provincia de Canadá, Nueva Escocia y Nuevo Brunswick se unieran a la Confederación, muchas otras colonias británicas, como la Columbia Británica, los Territorios del Noroeste y Manitoba, se sumaron a ella. En 1898, el Territorio del Yukón pasó a formar parte de la Confederación, y en 1905 se crearon Saskatchewan y Alberta.

Si no fuera por la Confederación, Canadá no sería el país que es hoy. Hace siglos, estaba dividido en varias provincias bajo dominio británico. Sin embargo, muchas personas y momentos prepararon el terreno para este acontecimiento histórico. La ambición de Estados Unidos incitó a hablar a los habitantes de las colonias británicas. Su temor a una invasión les impulsó a unirse y tomar medidas para protegerse.

Muchos países han nacido como resultado de batallas y guerras. Sin embargo, los canadienses solo asistieron a algunas conferencias, delegaron y negociaron los términos hasta llegar a un acuerdo. El país necesitaba la Confederación para fortalecer su economía, poder y estatus militar para protegerse de Estados Unidos.

Muchas figuras contribuyeron a la Confederación canadiense, como Sir John MacDonald, que hizo de Canadá un estado federal y tomó decisiones para protegerlo de una guerra civil que habría destrozado el país. Aunque la Confederación tuvo lugar hace cientos de años, su impacto sigue siendo poderoso en la actualidad.

Capítulo 6: Relatos de la fiebre de Klondike

Hubo una época en la historia de Canadá en la que el descubrimiento de grandes yacimientos de oro en una región poco poblada del país provocó una migración masiva de personas procedentes de muchas otras partes del mundo. Fue una fiebre del oro como ninguna otra, y desde entonces no ha habido ninguna tan extensa ni tan fascinante. Se ha inmortalizado en muchos libros, películas y programas de televisión a lo largo de los años.

La fiebre de Klondike, o fiebre del oro de Klondike, como llegó a conocerse, no duró más de cuatro años, pero las personas que participaron en ella y se vieron afectadas sintieron como si hubiera durado décadas. Así de intensa y desgarradora fue su experiencia. Por desgracia para muchos, al final ni siquiera fue gratificante; de los 100.000 buscadores que partieron con el sueño de reclamar enormes yacimientos de oro, solo unos 30.000 consiguieron llegar a la región de Klondike.

Sin embargo, muchos de ellos no encontraron oro, sino decepción. Las estadísticas muestran que solo unos 4.000 buscadores encontraron y reclamaron pequeños yacimientos. El resto regresó a casa con las manos vacías o viajó a otras tierras en busca de fortuna. La intrigante historia del comienzo de esta última gran fiebre del oro se cuenta en varias partes de Canadá hasta el día de hoy.

27. Skookum Jim: el corazón indígena del descubrimiento de Klondike

Un nativo tagish entabló amistad con un buscador de oro estadounidense en un frío y duro pueblo de Alaska. Lo que siguió fue una historia de confianza, lealtad, familia, añoranza, aventura, suerte, prosperidad, generosidad y, finalmente, traición. Keish era el nombre del nativo tagish, y el prospector era George Carmack.

Skookum Jim se ganó el respeto de empacadores y patrones

https://commons.wikimedia.org/wiki/File:Skookum_Jim_Mason.png

Nacido en 1855 en las primeras naciones tagish de Yukón (Canadá), Keish creció y se convirtió en empacador, transportando provisiones desde las costas de Alaska hasta los asentamientos cercanos al río Yukón. Rápidamente se ganó el respeto de sus compañeros y empleadores, ya que podía cargar el doble de peso que sus compañeros. Así fue como llegó a ser conocido como Skookum Jim. Skookum en su lengua local (jerga chinook) significa fuerte y resistente.

Embalar era la profesión de Skookum Jim, pero explorar era su pasión. A mediados de la década de 1880 pasó bastante tiempo explorando y empacando tocino en el paso de Chilkoot (el paso de montaña que unía Alaska y Canadá y que más tarde sería fundamental en la fiebre del oro). Fue allí donde conoció a George Carmack. No tardaron en hacerse amigos y socios comerciales.

Como George pasaba la mayor parte del tiempo con Keish y su familia, una cosa llevó a la otra, y se convirtió en parte de esa familia al casarse con Shaaw Tláa, la hermana de Keish. Ella se hizo llamar Kate Carmack después de casarse y la pareja se quedó con Skookum Jim en Tagish durante unos años. Pero en 1889 abandonaron el lugar para buscar fortuna en el norte, en una nueva ciudad construida especialmente para los buscadores de oro, Forty Mile.

Keish perdió el contacto con su hermana y su amigo estadounidense durante varios años, cuando se casó y tuvo una hija. Aunque era feliz en su vida doméstica, ansiaba la aventura y, más concretamente, reencontrarse con la familia Carmack. Al no tener noticias de Kate y George, a mediados de la década de 1890 partió hacia el norte con su sobrino, Kaa Goox, para encontrarlos. Hicieron prospecciones por el camino, pero rara vez encontraron algo útil.

Hacia finales de 1895, Keish y su sobrino localizaron el alojamiento de Kate y George a orillas del río Klondike. Fue un alegre reencuentro, sobre todo porque Skookum Jim se enteró de que también tenía una sobrina (Graphie, la hija de Kate y George). Después, la familia caminó hacia el sur desde la desembocadura del río Klondike por Bonanza Creek, en aquel entonces llamado Rabbit Creek. En algún lugar tropezaron con una pequeña pepita de oro, no más grande que un dedo meñique. Al observar más detenidamente la zona, se dieron cuenta de que toda la cuenca estaba salpicada de oro.

Probablemente sabían, en ese mismo momento, la magnitud de su descubrimiento, cómo los haría ricos más allá de sus sueños y desencadenaría una fiebre del oro a gran escala. Pero estaban demasiado ocupados con la política y la ética de la situación. En aquella época, el racismo estaba muy extendido en el mundo, hasta el punto de que George fue tratado con dureza por sus compatriotas solo por mezclarse con las tribus indígenas. Se dice que Skookum Jim vio la pepita de oro antes que nadie. La ética dictaba que el descubrimiento debía atribuírsele a él.

Sin embargo, es posible que las autoridades locales no reconocieran la reclamación de un individuo tribal. Por lo tanto, los descubridores decidieron que George se llevaría el mérito del descubrimiento. Es posible que Kate Carmack fuera la primera en descubrir la pepita, pero solo se presentaron tres reclamaciones sobre los campos de oro de Klondike y los territorios circundantes, las de George, Keish y Kaa Goox (el sobrino). Si ella ni siquiera recibía su parte del oro, ni siquiera se les había pasado por la cabeza dejar que se llevara el mérito del descubrimiento. Era un día más en la vida de una mujer en el siglo XIX.

Skookum Jim cambió drásticamente cuando puso sus manos en el oro, sobre todo para bien. Puede que se alejara de sus raíces tagish, pero no dudó en compartir su riqueza con su familia y su gente. George Carmack también cambió, pero para mal. Abandonó a Kate a su suerte, se trasladó a Seattle (Estados Unidos) y se casó con una lugareña. Keish rescató a su hermana y le construyó una gran cabaña cerca de su casa.

Se dice que las buenas personas sufren una desgracia tras otra. Skookum Jim adquirió el hábito de la bebida en sus últimos años, lo que destruyó su matrimonio y, finalmente, su vida. Pero fue lo bastante consciente como para asegurar el futuro de su familia abriendo un fideicomiso a nombre de su hija, el Daisy Mason Trust.

28. La escalera de oro: relatos del paso de Chilkoot

Poco después de que Skookum Jim y sus compañeros descubrieran los yacimientos de oro del río Klondike, en agosto de 1896, comenzó una de las mayores fiebres del oro de la humanidad. Sin embargo, los mineros que vivían en pueblos cercanos ya habían reclamado todos los yacimientos de Bonanza Creek. Los yacimientos más grandes se encontraban en otro lugar, Eldorado Creek, justo al sur del banco del descubrimiento original. Cuando los prospectores los encontraron, las noticias ya habían llegado a Circle City, en Alaska, unos cientos de kilómetros al noroeste de Klondike.

Era diciembre y los prospectores que buscaban pasar una próspera Navidad llegaron en masa a Klondike, con la esperanza de reclamar algo. Pero no fue hasta junio del año siguiente (1897) cuando el resto del mundo se enteró de los nuevos yacimientos de oro. Fue entonces cuando empezó de verdad la fiebre del oro.

Muchos miles de personas partieron de Seattle y San Francisco (Estados Unidos) en barcos, soportando fuertes y fríos vientos, cargados cada uno con varios bultos de provisiones. Los que desembarcaban en Dyea, una pequeña ciudad de Alaska hoy en gran parte abandonada, tenían que atravesar el paso de Chilkoot para llegar a los yacimientos de oro de Klondike y sus alrededores. Los animales soportaban la pesada carga durante los primeros kilómetros, una subida constante que atravesaba campamentos de buscadores y nativos que intentaban ganarse la vida.

Pero llegaba un punto en el camino que los animales no podían cruzar. Era una empinada cornisa que conducía a la verdadera escalada, cuya base se llamaba la Escala. Allí, los caminantes dejaban a sus animales y facturaban su equipaje para entrar oficialmente en Canadá desde Estados Unidos. Era el punto a partir del cual los «estampadores», como se les conocería más tarde, se enfrentaban a su verdadera prueba.

El paso de Chilkoot era como un ritual de iniciación para los aspirantes a mineros del oro y los ya establecidos. Solo aquellos que eran suficientemente duros para superarlo eran dignos de reclamar su parte de oro. No es que no hubiera formas más fáciles de entrar en el Klondike, pero esta era la ruta más rápida. Y como se había demostrado en todas las campañas anteriores, cuanto más rápido se llegaba a los yacimientos de oro, más posibilidades había de hacerse con los más valiosos. De hecho, más de 22.000 personas intentaron escalar el paso durante la fiebre del oro.

El *Chilkoot Trail* era un sendero de 33 millas, peligroso y cubierto de nieve, que conducía a las orillas del lago Bennett, un lugar donde podían encontrar un respiro a la tediosa escalada. La travesía se hacía aún más dura porque los funcionarios canadienses aconsejaron a los estampilleros llevar provisiones para un año (que pesaban cerca de una tonelada), ya que no se podía encontrar comida suficiente más allá de ese punto. Esto obligaba a los viajeros a hacer varias subidas y bajadas por el paso.

La escarpada cornisa más allá de la Escala era una escalada agotadora de mil pies que a menudo llevaba más de un día. Eran frecuentes las avalanchas catastróficas, una de las cuales se cobró la vida de sesenta estampadores. Solo los más adinerados subían en un solo viaje contratando a varios empacadores locales, que cobraban hasta un dólar por kilo.

A medida que avanzaban los meses y el invierno daba paso al verano, los estampadores idearon varias formas de facilitar su viaje. Una medida rudimentaria pero eficaz en las primeras etapas fue la construcción de escalones para reducir la mayoría de los riesgos asociados con la subida.

Estos 1.500 peldaños acabaron conociéndose como la Escalera de Oro, una especie de tributo al oro que aguardaba a quienes conseguían subirla. Ayudó a muchos viajeros a llegar al lago Bennett sin contratiempos.

Sin embargo, el principal inconveniente de esta escalera era su anchura. No podían subir dos personas a la vez, por lo que los estampadores tenían que avanzar en fila india. Esto impulsó a otro de los viajeros a construir un medio de transporte más eficaz, el tranvía. Los primeros tranvías de 1897 eran primitivos. Una simple cuerda conectaba el inicio del paso con la cima y transportaba a las personas en trineos improvisados. El artilugio funcionaba con un caballo que hacía girar una rueda que tiraba de la cuerda.

No tardaron en pasar a tranvías aéreos y de vapor, y en 1898, muchos de los buscadores de oro acomodados podían atravesar el paso de Chilkoot cómodamente (la tarifa no superaba los treinta céntimos por libra).

29. *Dead Horse Trail*: relatos del paso Blanco

Dyea no era el único puerto para que los prospectores desembarcaran en el Klondike más cercano. La ciudad de Skagway, a pocos kilómetros al este de Dyea, ofrecía una ruta más fácil hacia los yacimientos de oro que el paso de Chilkoot. Se le llamaba el paso Blanco. Los nativos lo vigilaron de cerca hasta que el explorador canadiense William Ogilvie lo descubrió en 1887.

Durante la fiebre del oro de Klondike, varios miles de buscadores desembarcaron en el puerto de Skagway y se dirigieron hacia el paso Blanco, con sus caballos de carga a cuestas. Era un camino más o menos llano a través de las montañas de la costa y la nieve lo bañaba de blanco por todas partes, de ahí su nombre. Al principio, los elementos apenas ofrecían resistencia a los viajeros. Sin embargo, a medida que el sendero avanzaba, se iba estrechando hasta que no era más ancho que un par de metros, con una montaña imponente a un lado y una serie de formaciones rocosas escarpadas al otro.

Era entonces cuando los caballos de los viajeros entraban en pánico y, uno tras otro, resbalaban, caían por el borde y se ensartaban en las afiladas rocas. Se dice que más de 3.000 caballos murieron de esta manera y el paso Blanco pasó a llamarse el Camino de los Caballos Muertos.

Como los buscadores de oro entraban en el paso en gran número, no tardó en atascarse el tráfico en los pasos estrechos. Por eso las autoridades canadienses cerraron el paso Blanco a finales de 1897, tras lo cual varios miles de viajeros quedaron abandonados en Skagway como ratas. Afortunadamente, las autoridades reconocieron la precariedad de la situación mucho antes de que se agravara y en 1898 construyeron una carretera independiente que conducía a los yacimientos de oro.

En pleno invierno, las condiciones se hacían aún más duras. A pesar de la nueva carretera, los viajeros sufrían mucho de camino a su destino, principalmente a causa de la banda de Soapy Smith. Esta banda de bandoleros nativos esquilmó repetidamente los recursos de los viajeros hasta que estos tenían que sobrevivir comiendo la carne de caballos ensartados allá por 1897. El líder de Soapy Smith fue finalmente abatido en 1898, pero el daño ya estaba hecho.

Solo un reducido número de buscadores consiguió llegar al río Yukón, que conducía a los campos de oro de Klondike. El resto regresó a Skagway con las manos vacías y la mayoría de ellos sufrió graves problemas mentales posteriormente.

30. Dawson City: de desierto a ciudad en auge

A principios del siglo XIX, la zona conocida hoy como Dawson City no era más que un páramo salvaje a merced de los nativos de habla han de la región de Klondike. De ser una pradera pelada, pasó a convertirse en un importante punto de referencia durante la fiebre del oro de Klondike gracias a Joseph Ladue, un pequeño prospector del territorio del Yukón. Fue uno de los primeros en llegar a la región de Klondike después de que Skookum Jim y sus compañeros descubrieran los enormes yacimientos de oro. Esto le permitió reclamar alrededor de 170 acres de tierra con yacimientos de oro.

A diferencia de la mayoría de los buscadores, Ladue era un auténtico hombre de negocios. No se conformó con sus reclamaciones de oro. Poseía el arte de la previsión. Imaginando el terreno que poseía como un posible punto de parada para la inevitable fiebre del oro, construyó allí una ciudad residencial, bautizándola con el nombre del reputado geólogo canadiense de su época, George Mercer Dawson. De hecho, en 1896 pasó de ser un minúsculo campamento de nativos a una próspera ciudad de más de 16.000 migrantes obsesionados por el oro en solo dos años.

La población siguió aumentando a mediados de 1898 hasta alcanzar su máximo número a finales de año. Sucedió que la región de Dawson City no estaba preparada para acoger a un número tan grande de personas. Desde el rápido agotamiento del agua potable hasta la escasez de parcelas adquiribles, parecía que solo los yacimientos de oro que rodeaban la región la mantenían unida.

Tras el abrupto final de la fiebre del oro de Klondike en 1899, la población de Dawson City también se redujo (de más de 30.000 a menos de 8.000 habitantes). Otros factores elementales pasaron a un primer plano, como las incesantes inundaciones de principios del siglo XX, y la población se redujo aún más. En la actualidad, Dawson City es más bien un hito histórico que tiene poco más de 1.500 residentes.

31. La cura de la fiebre de Klondike

Puede que la fiebre de Klondike haya envuelto al mundo en su abrazo como una serpiente que se enrosca rápidamente alrededor de su presa, pero abandonó su dominio con bastante facilidad. En 1898, cuando el Klondike se hizo más accesible gracias al desarrollo de tranvías y vías férreas, las fuentes de oro se habían agotado y la fiebre había perdido fuerza.

Un número considerable de buscadores tenía inclinaciones tradicionales. El método bruto de extracción del oro en un entorno tosco y subdesarrollado les importaba más que el valor del metal en sí. La fiebre del oro de Klondike provocó un rápido desarrollo cultural y tecnológico en Dawson City. El añorado páramo salvaje se había convertido en un centro turístico, desde billares y mesas de billar hasta exóticos menús gastronómicos. Incluso el sentido de la moda de los lugareños había evolucionado para reflejar la moda de entonces. Fue entonces cuando muchos buscadores apasionados perdieron el interés por los yacimientos de Klondike.

La principal razón del declive de Klondike fue el descubrimiento de otra base de yacimientos de oro hacia el sur, cerca del lago Atlin. Pero la cura definitiva a la fiebre resultó ser un yacimiento mayor en la ciudad alasqueña de Nome. Al principio, un pequeño número de buscadores se desplazó de Dawson a Nome.

Los mineros que se quedaron en Dawson City, con la esperanza de reavivar la fiebre, se dieron cuenta de que el precio de su estancia había empezado a superar los beneficios de sus minas de oro. La guerra hispano-estadounidense de la primavera de 1898 echó más leña al fuego y muchos de ellos acabaron yéndose en masa durante el verano, bien para volver a casa o para buscar otra fortuna.

La gota que rebalsó la copa de la fiebre del oro de Klondike se derramó en agosto de 1899, cuando más de 2.500 buscadores de Dawson City abandonaron el lugar, entonces poco rentable, para trasladarse a la floreciente ciudad de Nome. Los medios de comunicación de todo el mundo avivaron el fuego de la disminución de las cantidades de oro en Klondike, desde soltar sarcásticas citas sobre la fiebre del oro en la región hasta convertir en titulares otras noticias de menor importancia.

De hecho, en septiembre de 1899, la fiebre de Klondike había pasado a formar parte de la historia. Era una parte importante de esa historia, como han demostrado repetidamente varios medios de comunicación a lo largo de los años. Desde las primeras películas mudas como *La quimera del oro* (1925), protagonizada por Charlie Chaplin, hasta las últimas creaciones como *An Klondike* (2015-2017), de Dathai Keane. Fue inmortalizada en oscuras novelas de no ficción como *La llamada de lo salvaje*, de Jack London, y en populares cómics basados en el rey del oro ficticio por excelencia, Scrooge McDuck.

Huelga decir que la fiebre de Klondike puede haberse curado hace mucho tiempo, pero sus efectos resuenan en la vida de la gente común una y otra vez hasta nuestros días.

Capítulo 7: El sacrificio de Canadá: relatos de la Primera Guerra Mundial

La Primera Guerra Mundial, a menudo llamada la Gran Guerra, fue un conflicto global que reconfiguró la historia a principios del siglo XX. Aunque involucró a muchas naciones, la participación de Canadá en la guerra fue un momento definitivo de su historia. Hay momentos que definen a las naciones, en los que la voluntad colectiva y el coraje de un pueblo se someten a una prueba definitiva; un momento así surgió para Canadá durante la Primera Guerra Mundial. Mientras el mundo se sumergía en las profundidades de la Gran Guerra, Canadá, como parte del Imperio británico, se vio empujada a un conflicto global que no había buscado, pero que terminó por abrazar con inquebrantable determinación. Desde los campos de batalla de Europa hasta el frente interno, los canadienses desempeñaron un papel crucial en el esfuerzo bélico y sus sacrificios fueron sentidos por sus compatriotas y por el mundo entero.

32. La llamada de Canadá a las armas: la entrada de la nación en la Primera Guerra Mundial

El asesinato del archiduque Francisco Fernando de Austria-Hungría, el 28 de junio de 1914, sirvió de catalizador para el estallido de la Primera Guerra Mundial. La subsiguiente reacción en cadena de alianzas y declaraciones de guerra por parte de las naciones europeas arrastró a Canadá al conflicto. Cuando Gran Bretaña declaró la guerra a Alemania, el 4 de agosto de 1914, Canadá entró automáticamente en guerra como dominio del Imperio británico. Esta declaración marcó el inicio formal de la participación de Canadá en la Primera Guerra Mundial.

La participación inicial de Canadá se debió en gran medida a sus obligaciones y compromisos como miembro del Imperio. Canadá reconocía la importancia de mantener los intereses británicos y defender el Imperio. Muchos canadienses sentían el deber de apoyar a Gran Bretaña en tiempos de necesidad, considerando el conflicto como una causa justa y una forma de preservar los valores y el modo de vida asociados al Imperio británico.

Canadá también tenía importantes intereses económicos vinculados a Gran Bretaña y Europa. El comercio con estas regiones era vital para la economía canadiense y una Europa estable era esencial para una prosperidad continua. La interrupción de las rutas comerciales y de la estabilidad económica debido a la guerra amenazaba el bienestar económico de Canadá.

Sir Robert Borden ofreció pleno apoyo a Gran Bretaña
https://commons.wikimedia.org/wiki/File:Sir_Robert_Borden.jpg

En los primeros días de la guerra, hubo una oleada de patriotismo y entusiasmo entre los canadienses. Muchos creían que la guerra duraría poco y que los soldados canadienses volverían a casa como héroes. Las oficinas de reclutamiento de todo el país se vieron inundadas de voluntarios deseosos de unirse a la lucha. El gobierno canadiense, dirigido por el primer ministro Sir Robert Borden, se apresuró a ofrecer todo su apoyo a Gran Bretaña. Borden prometió importantes tropas y recursos para ayudar al esfuerzo bélico británico. La opinión pública canadiense apoyó ampliamente esta postura y la oposición política a la guerra fue mínima.

Canadá movilizó rápidamente sus fuerzas militares. En octubre de 1914, el primer contingente canadiense zarpó hacia Europa. Estas tropas y los contingentes posteriores desempeñaron un papel vital en diversas batallas y campañas en el Frente Occidental. La primera fue la batalla de Ypres, que tuvo lugar en el saliente de Ypres, una sección del Frente Occidental en Bélgica. Fue una de las primeras batallas de la Primera Guerra Mundial y estuvo marcada por el primer uso a gran escala de gas venenoso por parte de los alemanes.

Las fuerzas canadienses, concretamente la Primera División Canadiense, estaban estacionadas en el saliente de Ypres. Se enfrentaron a la peor parte de los ataques alemanes con gas. Los alemanes liberaron gas cloro el 22 de abril de 1915, creando una nube verde amarillenta que se desplazó hacia las líneas canadienses. El gas causó pánico y numerosas bajas entre las tropas que no estaban preparadas. El valor de los soldados canadienses ante el ataque con gas y sus esfuerzos por tapar las brechas en la línea se recuerdan como legendarios. Resistieron más ataques de gas y feroces asaltos alemanes, impidiendo un avance completo.

Entonces llegó la batalla del Somme, una ofensiva masiva de los aliados lanzada en el Frente Occidental, principalmente en la región del río Somme en Francia. Su objetivo era aliviar la presión sobre las fuerzas francesas, que estaban sufriendo grandes bajas en Verdún. La batalla comenzó el 1 de julio de 1916 y duró hasta noviembre. Las fuerzas canadienses, parte de la Fuerza Expedicionaria Británica, tenían la misión de capturar el pueblo de Courcelette y sus alrededores. El cuerpo canadiense, bajo el mando del teniente general Julian Byng, desempeñó un papel fundamental en esta operación.

33. Vimy Ridge: cuna de una nación

En la primavera de 1917, el cuerpo canadiense se enfrentó a uno de sus mayores retos: Vimy Ridge. Vimy Ridge, un formidable bastión alemán, había desafiado todos los intentos anteriores de captura por parte de los aliados. Consistía en una alta escarpa que dominaba una amplia extensión de terreno llano, proporcionando a los alemanes una vista dominante de los alrededores. Esta posición privilegiada les permitía observar y dirigir los movimientos de las tropas aliadas, convirtiéndola en un obstáculo importante para el avance de los aliados. Vimy Ridge era también una parte vital del sistema defensivo alemán conocido como Línea Hindenburg, una serie de posiciones fuertemente fortificadas diseñadas para resistir cualquier ofensiva aliada. Capturar Vimy Ridge era crucial para las fuerzas aliadas, ya que eliminaría una importante amenaza y abriría oportunidades para nuevos avances.

El cuerpo canadiense, dirigido por el teniente general Sir Julian Byng, recibió el encargo de tomar Vimy Ridge. Los soldados canadienses estaban muy motivados y bien entrenados y sus líderes reconocieron la necesidad de una planificación y coordinación meticulosa. Los canadienses emplearon técnicas de excavación de túneles y minería para crear una red de túneles y cámaras subterráneas. Esto les protegió del fuego enemigo y les permitió acercarse a la cresta sin ser vistos. Una andanada de artillería cuidadosamente planeada precedió al asalto de la infantería. Los artilleros canadienses habían trazado las posiciones alemanas con notable precisión, asegurándose de que las defensas enemigas estuvieran debilitadas cuando avanzara la infantería. Los comandantes canadienses desarrollaron tácticas innovadoras, como el uso de «andanadas sigilosas» para proporcionar fuego de cobertura mientras avanzaba la infantería. También introdujeron la «andanada rodante», una técnica que permitía a la artillería moverse en sincronía con el avance de la infantería.

La batalla comenzó a las 5:30 a. m. del 9 de abril de 1917, con una masiva descarga de artillería que machacó las defensas alemanas. La infantería canadiense, equipada con fusiles y bayonetas, inició su avance a través de la niebla y el humo, decidida a tomar Vimy Ridge. Los soldados canadienses se enfrentaron a numerosos retos, como el intenso fuego de las ametralladoras y la feroz resistencia alemana. Sin embargo, su entrenamiento, disciplina y determinación les permitieron avanzar. Durante varios días, los canadienses lograron avances significativos. El

12 de abril de 1917 tomaron triunfalmente Vimy Ridge. La victoria no estuvo exenta de sacrificios, ya que las fuerzas canadienses sufrieron más de 10.000 bajas, entre ellas casi 3.600 muertos.

El éxito en Vimy Ridge fue un momento unificador para Canadá. Era la primera vez que las cuatro divisiones canadienses luchaban juntas como una fuerza cohesionada, trascendiendo las divisiones regionales y lingüísticas. Este logro contribuyó a aumentar el sentimiento de identidad y nación canadiense. Las experiencias de los soldados canadienses en Vimy Ridge fueron a la vez heroicas y angustiosas. Soportaron los horrores de la guerra de trincheras, fueron testigos de la devastación causada por la artillería y se enfrentaron a la amenaza constante de los ataques con gas. A pesar de estos desafíos, demostraron un valor y una resistencia extraordinaria.

Los soldados soportaron la cruda realidad de la guerra de trincheras, como la exposición a los elementos, las plagas de ratas y el peligro constante de los francotiradores. Los alemanes utilizaron con frecuencia gas venenoso durante la batalla, por lo que las tropas canadienses desarrollaron y utilizaron máscaras antigás. Una figura notable fue el soldado John George Pattison, que obtuvo la Cruz Victoria por sus valerosas acciones al capturar la posición de una ametralladora.

La batalla de Vimy Ridge dejó un legado perdurable que sigue conformando la identidad nacional de Canadá y su lugar en el mundo. A menudo se hace referencia a Vimy Ridge como el «lugar de nacimiento de una nación». Marcó un momento crucial en la historia de Canadá, donde sus soldados lucharon bajo una bandera común y forjaron un sentimiento de unidad y propósito. Para conmemorar la batalla, Canadá erigió el monumento conmemorativo de Vimy, un impresionante monumento diseñado por Walter Allward, en el mismo lugar. El monumento se erige como símbolo del sacrificio y la resistencia canadienses.

El éxito de Canadá en Vimy Ridge contribuyó a consolidar la reputación del país en el mantenimiento de la paz y la diplomacia. Tras la Primera Guerra Mundial, Canadá desempeñó un papel importante en la Sociedad de las Naciones, precursora de las Naciones Unidas, promoviendo la cooperación internacional y la resolución de conflictos.

34. Passchendaele: la batalla en el barro

La batalla de Passchendaele, también conocida como la tercera batalla de Ypres, fue una de las batallas más duras e infames de la Primera Guerra Mundial. Se libró entre el 31 de julio y el 10 de noviembre de 1917 en la saliente de Ypres, en Bélgica, y es recordada por su implacable lluvia, su espeso barro y el tremendo costo humano que supuso para ambos bandos. La saliente de Ypres era un abultamiento en el Frente Occidental en poder de los alemanes. Era estratégicamente importante por su proximidad a los puertos belgas, que los británicos necesitaban desesperadamente para sus líneas de suministro. La toma de la saliente de Passchendaele era un objetivo clave porque proporcionaba a los aliados un punto de observación para vigilar las posiciones alemanas y controlar el paisaje circundante.

Una de las características definitivas de la batalla de Passchendaele fue la lluvia incesante. La región experimentó lluvias inusualmente intensas durante el verano y el otoño de 1917, por lo que el campo de batalla era un lodazal de barro y cráteres anegados. Este diluvio constante dificultaba los movimientos y agravaba la miseria de los soldados. Las trincheras de ambos bandos estaban a menudo llenas de barro hasta las rodillas. Los soldados tenían que hacer frente al fuego enemigo y a los desafíos que planteaba el barro, que dificultaba el tránsito, limitaba la movilidad y creaba condiciones insalubres. El pie de trinchera, una dolorosa afección causada por la exposición prolongada a condiciones húmedas y frías, se convirtió en un problema generalizado.

En la batalla de Passchendaele se produjeron algunos de los bombardeos de artillería más intensos de la guerra. Los constantes bombardeos removían el suelo, creando aún más barro y complicando más los movimientos de las tropas. Los soldados de ambos bandos soportaron los horrores de la vida en las trincheras en condiciones espantosas. El barro, el frío y la amenaza constante del fuego enemigo hicieron mella en su bienestar físico y mental.

La batalla de Passchendaele se saldó con un gran número de bajas. Las fuerzas canadienses y británicas, entre otras, sufrieron enormes pérdidas. Los alemanes también sufrieron numerosas bajas a medida que avanzaba la batalla. Las fuerzas canadienses y británicas sufrieron daños significativos durante la batalla, reportando más de 15.000 bajas, incluyendo más de 4.000 muertos. Las pérdidas británicas fueron igualmente asombrosas, ya que muchos soldados cayeron víctimas de las brutales condiciones y del fuego enemigo.

A pesar de las duras condiciones, se produjeron numerosos actos de valor y heroísmo. Los soldados mostraron un coraje inquebrantable mientras avanzaban bajo el fuego a través de la mugre. En la batalla de Passchendaele varios soldados fueron condecorados con la Cruz Victoria, la más alta condecoración militar al valor. Entre ellos se encontraba el soldado Robert Hanna, de la Fuerza Expedicionaria canadiense. El 21 de agosto de 1917, durante un feroz ataque, Hanna se abalanzó sobre una posición de ametralladora sin ayuda de nadie, capturando el arma y a su tripulación. Su valerosa acción inspiró a sus camaradas para continuar el avance.

Otro notable acto de valor fue el del teniente Hugh McKenzie, oficial canadiense. El 30 de octubre de 1917, durante intensos combates, McKenzie dirigió a sus hombres en un asalto a un fortín enemigo. A pesar de estar herido, continuó animando a sus tropas hasta que fue herido de muerte.

El soldado James Peter Robertson, de la Fuerza Expedicionaria canadiense, fue otro de los galardonados con la Cruz Victoria. El 26 de octubre de 1917, se ofreció voluntario para una peligrosa misión de rescate de compañeros heridos mientras se encontraba bajo el fuego de ametralladoras pesadas y artillería. Su extraordinario valor y determinación salvaron muchas vidas.

35. El frente interno: las mujeres, los bonos de guerra y la polémica sobre el servicio militar obligatorio

La Primera Guerra Mundial fue una guerra que afectó profundamente no solo a los soldados en el frente de batalla, sino también a los civiles en el frente interno. Mientras los soldados canadienses luchaban valientemente en el extranjero, en el frente interno se libraba otro tipo de batalla. Las mujeres, tradicionalmente confinadas a las tareas domésticas, ocuparon el vacío dejado por sus seres queridos. Asumieron trabajos en fábricas, atendieron a los heridos y prestaron un apoyo esencial al esfuerzo bélico.

A medida que la guerra se intensificaba, la demanda de mano de obra y recursos aumentaba significativamente. Las mujeres desempeñaron un papel crucial para llenar el vacío dejado por los hombres que habían ido a luchar. Se incorporaron al mercado laboral en gran número, ocupando puestos que antes ocupaban los hombres, como en fábricas de municiones, hospitales y oficinas. Sus contribuciones fueron esenciales para mantener la producción industrial y económica del país.

Las mujeres también hicieron contribuciones sustanciales a través del trabajo voluntario. Organizaciones como la Cruz Roja y el Fondo Patriótico Canadiense movilizaron a las mujeres para tejer calcetines, coser uniformes y prestar apoyo a los soldados. Este esfuerzo voluntario levantó la moral y tuvo implicaciones prácticas en términos de suministro de bienes esenciales para las tropas.

La guerra creó una oportunidad para el movimiento por el sufragio femenino en Canadá. En 1917, las mujeres de Manitoba, Alberta y Saskatchewan obtuvieron el derecho al voto en las elecciones provinciales y el gobierno federal amplió el derecho al voto a las mujeres que tenían una relación estrecha con el personal militar. Estos cambios se consideraron un reconocimiento a la contribución de las mujeres al esfuerzo bélico.

Por otra parte, se introdujeron bonos de guerra para financiar el esfuerzo bélico, conocidos como campañas de préstamos de guerra. Estas campañas animaban a los ciudadanos a invertir su dinero en bonos del gobierno para ayudar a financiar la guerra. Los canadienses respondieron con entusiasmo, comprando bonos en grandes cantidades. El dinero recaudado a través de estos bonos financió varios aspectos de la guerra, desde la compra de equipamiento para el ejército hasta la construcción de infraestructuras para el esfuerzo bélico. La venta de bonos de guerra recaudó dinero para la guerra y estimuló la economía canadiense. El aumento de la demanda de bienes y servicios generó crecimiento económico y ayudó a Canadá a recuperarse de una recesión que había asolado al país antes de la guerra. La compra de bonos de guerra se consideraba un deber patriótico, y los canadienses se sentían muy orgullosos de contribuir así al esfuerzo bélico. Escuelas, empresas y grupos comunitarios organizaron campañas de compra de bonos, creando un sentimiento de unidad y responsabilidad compartida entre la población civil.

Luego vino la cuestión del reclutamiento, o servicio militar obligatorio, que fue uno de los debates más polémicos en el frente interno canadiense durante la Primera Guerra Mundial. Las fuerzas canadienses habían sufrido numerosas bajas y cada vez resultaba más difícil mantener un ejército basado en el voluntariado. El gobierno del primer ministro Sir Robert Borden, reconociendo la necesidad de más mano de obra, propuso el servicio militar obligatorio en 1917.

La introducción del servicio militar obligatorio provocó una profunda división en la sociedad canadiense. Los canadienses de habla inglesa y los de las zonas urbanas apoyaron en general el reclutamiento, ya que sentían una mayor conexión con el Imperio británico. Por el contrario, los francocanadienses, especialmente en Quebec, se oponían en gran medida al servicio militar obligatorio. Consideraban la guerra como un conflicto europeo y sentían poca lealtad hacia el Imperio británico. La crisis del servicio militar obligatorio tuvo importantes repercusiones políticas. Llevó a la formación del Gobierno de la Unión, una coalición de liberales y conservadores a favor del servicio militar obligatorio que pretendía abordar las divisiones dentro del país. La decisión de Borden de introducir el servicio militar obligatorio también provocó una división en el Partido Liberal, ya que muchos liberales francocanadienses se oponían a la medida.

La oposición al reclutamiento dio lugar a protestas e incluso disturbios en algunas partes del país, especialmente en Quebec. En 1918, la cuestión del reclutamiento se agravó cuando estallaron disturbios en Quebec y Montreal. Se recurrió al ejército para restablecer el orden, lo que exacerbó aún más las tensiones. La crisis del servicio militar obligatorio tuvo un impacto duradero en la unidad nacional canadiense. La división entre los canadienses anglófonos y francófonos se hizo más profunda y las cicatrices de los debates sobre el reclutamiento persistieron mucho después de terminada la guerra.

36. Las secuelas: Canadá en la posguerra

El 11 de noviembre de 1918 marcó el final de la Primera Guerra Mundial, un conflicto que había cobrado un enorme tributo a Canadá. Fue un día de alivio y de reflexión, ya que la nación salió de la guerra cambiada para siempre. Para Canadá, el costo de la Primera Guerra Mundial fue asombroso. Más de 61.000 canadienses perdieron la vida en el conflicto, mientras que decenas de miles más regresaron a casa heridos o permanentemente discapacitados. La nación lloró la pérdida de una generación de hombres y mujeres jóvenes, y casi todas las comunidades de Canadá se vieron afectadas por el dolor de las familias en duelo.

El costo físico y psicológico para los soldados que regresaron fue inmenso. Muchos de ellos regresaron con lesiones físicas, desde amputaciones hasta desfiguraciones. La guerra también expuso a los soldados a horrores inimaginables, lo que dio lugar a una prevalencia generalizada del trastorno de estrés postraumático (TEPT), aunque en aquel momento no estaba reconocido formalmente. Las cicatrices psicológicas de la batalla persiguieron a los veteranos durante años. La guerra dejó huella en las familias canadienses. Madres, padres, esposas e hijos lloraron a sus seres queridos que nunca regresaron o que regresaron cambiados para siempre. La pérdida del sostén económico y de los cuidadores supuso una enorme carga para las familias, con las consiguientes dificultades económicas y trastornos sociales.

A pesar de la costosa factura de la guerra, Canadá emergió como un respetado actor global. Los sacrificios realizados por los soldados canadienses le valieron a la nación un asiento en la mesa durante las negociaciones del Tratado de Versalles, que puso fin formalmente al estado de guerra entre los aliados y Alemania. La presencia de Canadá en este acontecimiento diplomático histórico supuso un cambio significativo con respecto a su pasado colonial. Ya no era solo un dominio dentro del Imperio británico, sino una nación soberana reconocida como un valioso socio internacional. La guerra influyó profundamente en la identidad de Canadá. Los sacrificios realizados por sus ciudadanos en las trincheras de Europa y en otros frentes de batalla fomentaron un sentimiento de unidad y determinación. La nación había demostrado su valía en la escena internacional y su pueblo había dado muestras de resistencia y determinación. Canadá ya no se consideraba una avanzadilla británica, sino una nación capaz de defender sus valores e intereses de forma independiente.

El legado de la Primera Guerra Mundial perduró en Canadá durante generaciones. El dolor de las familias que habían perdido a sus seres queridos seguía siendo palpable y las comunidades de todo el país establecieron monumentos de guerra para honrar a los caídos. El 11 de noviembre, conocido como el Día del Recuerdo en Canadá, se convirtió en una ocasión solemne para que los canadienses recuerden y rindan homenaje a los que hicieron el sacrificio supremo. La experiencia de la guerra, junto con los retos económicos de la posguerra, contribuyeron a los cambios sociales, incluida la aparición de un movimiento obrero más fuerte y el reconocimiento de la contribución de las mujeres a la fuerza de trabajo, lo que finalmente condujo al sufragio femenino.

El 11 de noviembre de 1918 marcó el final de la Primera Guerra Mundial, pero para Canadá fue el comienzo de un nuevo capítulo. El costo de la guerra, en términos de bajas, traumas físicos y psicológicos y su impacto en las familias fue inmenso y duradero. Sin embargo, los sacrificios de los soldados canadienses dieron a la nación un nuevo estatus en la escena mundial y reconfiguraron su identidad nacional. El legado de la guerra perduró a través de las generaciones, sirviendo como recordatorio del profundo impacto del conflicto en los individuos y las sociedades y de la resistencia y unidad que pueden surgir en las dificultades.

Capítulo 8: Historias de la saga Avro Arrow

Avro Canada, una empresa canadiense de fabricación aeronáutica, trabajó en el desarrollo de un revolucionario caza supersónico interceptor todoterreno llamado CF-105 Arrow, o Avro Arrow, entre 1952 y 1959. El avión tenía un diseño futurista y elegante y estaba equipado con tecnologías adelantadas para su tiempo. Este avión representaba los sueños, la visión y la dedicación de los ingenieros canadienses hasta su abrupto final. Avro Canada se fundó en 1945 y se convirtió en una de las cien empresas más importantes del mundo en 1958.

Leyendo este capítulo, conocerá la importancia de este ambicioso proyecto. Comprenderá el Avro Arrow y conocerá su función prevista y sus avanzadas características tecnológicas. Este capítulo explora el desarrollo del proyecto y los retos políticos y financieros que llevaron a su cancelación. También cubre la controversia que rodeó este acontecimiento y las consecuencias que le siguieron.

37. El Avro Arrow

El Avro CF-105 supuso un punto de inflexión en el mundo de los proyectos de tecnologías aeroespaciales

*Clemens Vasters de Viersen, Alemania, CC BY 2.0 https://creativecommons.org/licenses/by/2.0,
vía Wikimedia Commons: https://commons.wikimedia.org/wiki/File:Avro_Canada_CF-
105_Arrow_(3443072144).jpg*

El desarrollo del Avro CF-105 supuso un punto de inflexión en el mundo de los proyectos de tecnologías aeroespaciales a escala internacional. Este avión, desarrollado para defender a la nación de los ataques de la Unión Soviética, supuso una importante evolución en aerodinámica y diseño de motores. Fue uno de los primeros aviones en incorporar un sistema de control de vuelo *fly-by-wire* (pilotaje por cable), que utiliza tecnología de vuelo asistido por computadoras y sensores para mejorar los controles de respuesta y la estabilidad. Su creación también redefinió el marco del diseño de motores, garantizando una velocidad supersónica y un diseño sofisticado. Aunque el proyecto atrajo la atención del público y de la prensa, finalmente se canceló en 1959.

La creación de este avión de última generación y la intrincada tecnología que lo acompañaba crearon muchas oportunidades de empleo para trabajadores cualificados, técnicos, ingenieros y pilotos. Este proyecto arrojó luz sobre los numerosos talentos, ideas innovadoras y personas cualificadas de la industria aeronáutica canadiense. A pesar de sus elevados costos, el público estaba entusiasmado con el proyecto y no se mostraba escéptico.

Durante la década de 1940, la Unión de Repúblicas Socialistas Soviéticas URSS amenazaba el bienestar de Canadá. La creciente amenaza desencadenó el inicio de la Guerra Fría y las relaciones políticas entre la Unión Soviética y Estados Unidos se vieron comprometidas durante la década de 1950. Había razones para creer que la URSS atacaría a Estados Unidos con bombas en el Ártico canadiense. Canadá se vio involuntariamente atrapada entre fuego cruzado debido a su situación geográfica y a su postura política. En respuesta a estas expectativas, Canadá construyó el Avro CF-105.

38. Rompiendo barreras: el diseño y la innovación del Avro Arrow

Crawford Gordon Jr., director de la producción de defensa en tiempos de guerra, James C. Floyd, distinguido ingeniero inglés, y Janusz Zurakowski, piloto de caza polaco, se unieron junto con otras notables figuras para desarrollar esta increíble innovación aeronáutica.

El Avro Arrow era un proyecto ambicioso para la época. El avión interceptor pesaba 22.240 kg en vacío, medía 24 metros de largo y tenía 15 metros de envergadura. El Avro Arrow se diseñó para ser elegante pero totalmente funcional. Además de ser uno de los primeros aviones en incorporar tecnología de control de vuelo asistido por computador, albergaba el primer sistema de armamento informatizado. El avión era el más rápido de su clase, viajando a casi el doble de la velocidad del sonido a 53.000 pies de altura. El desarrollo de este monumental proyecto puso de manifiesto la excepcional destreza y dedicación de los ingenieros canadienses que participaron en él. Su visión y ejecución dejaron una huella permanente en la industria de la aviación.

En aquella época no existían equipos de simulación por computador, por lo que el proceso de pruebas fue muy exigente. Se utilizaron túneles de viento y modelos a escala para llevar a cabo procedimientos de prueba intensivos. Nueve modelos, de un 12,5 % del tamaño de los aviones reales, se probaron en cohetes que sobrevolaron el lago Ontario y otros dos sobre el océano Atlántico.

La primera muestra del avión tuvo lugar en la planta de Avro el 4 de octubre de 1957. Los primeros miles de espectadores quedaron asombrados por la grandiosidad del avión. Sin embargo, el mismo día en que el avión se presentó al público, la Unión Soviética lanzó el Sputnik 1, el primer satélite del mundo. Fue un acontecimiento igualmente emocionante que eclipsó la cobertura de prensa de la presentación del Avro Arrow. Aunque no fue el factor decisivo, este acontecimiento y sus ramificaciones influyeron en la posterior cancelación del programa aeronáutico.

El proyecto estaba sometido a mucha presión por su rendimiento, principalmente debido a su elevado costo. Muchos críticos también se preguntaban si el avión llevaría tecnología obsoleta en pocos años, ya que les preocupaba que los aviones tripulados se convirtieran en cosa del pasado. El reportero del Hamilton Spectator explicó que el interceptor podía derribar fácilmente bombarderos rusos, pero se preguntaba si podría resistir el paso del tiempo y defenderse eficazmente contra misiles cohete avanzados en su lanzamiento en 1961.

Zurakowski pilotó su primer vuelo unos cinco meses después, batiendo varios récords de velocidad. Se fabricaron cinco modelos de la primera versión del avión, que voló 66 veces a lo largo de 1958. El primer vuelo de prueba, según Zurakowski, fue sencillo. Todo lo que tenía que hacer era comprobar que los componentes, motores y controles funcionaban y respondían como debían. Comprobó cómo se comportaría el avión a una velocidad de 460 mph y a una velocidad inferior durante el aterrizaje. La segunda versión del avión, que todavía se estaba desarrollando en aquel momento, nunca voló.

39. El «viernes negro»: el abrupto final de un sueño

En 1957, se eligió un gobierno conservador progresista, que sustituyó al régimen liberal de muchos años. Diefenbaker, el nuevo primer ministro canadiense, dio prioridad al recorte del gasto público en su régimen. Avro era una empresa cara y el costo del Avro Arrow fue una causa que contribuyó a su cancelación. El programa costó 1.100 millones de dólares, lo que se consideraba mucho para una nación del tamaño de Canadá.

Antes de su cancelación, el Avro Arrow había marcado todas las casillas de la política de defensa del país, convirtiéndose en el interceptor más popular del mundo. Canadá y otros países del Mando Norteamericano de Defensa Aeroespacial (NORAD, por sus siglas en inglés) estaban preocupados principalmente por las amenazas de ataque de bombarderos de la Unión Soviética. Por lo tanto, la Real Fuerza Aérea Canadiense (RCAF) buscaba un caza que pudiera operar en circunstancias específicas y extenuantes. Por ejemplo, tenía que operar eficazmente a una altitud de 50.000 metros, a una velocidad al menos 1,5 veces superior a la del sonido y estar equipado con misiles avanzados.

Para ello, se desarrollaron motores especializados y sistemas de control de vuelo y la primera versión del Arrow, que voló en marzo de 1958, demostró ser el mejor interceptor. Como era de esperar, el avión atrajo la atención de entusiastas y partidos políticos relevantes de todo el mundo. Algunos vieron en el Arrow una oportunidad para transformar la industria aeronáutica, y a otros, como EE. UU., les preocupaba que fuera una amenaza para su sector aeronáutico nacional. Estados Unidos también estaba trabajando en nuevos interceptores por aquel entonces, lo que hizo que se interesaran aún más por el Avro Arrow. Sin embargo, los estadounidenses tenían poca fe en la viabilidad del proyecto.

Canadá se enfrenta a la presión de EE. UU.

El costo del proyecto fue disminuyendo gradualmente a medida que mostraba su increíble potencial. Ahora que el Avro Arrow era tangible, competía con otros aviones de su clase. Los ingenieros aeronáuticos estadounidenses temieron el momento en que sus proyectos compitieran con el Arrow, lo que alentó su cancelación. Los EE. UU. no mostraron interés por el Avro Arrow porque quisieran comprarlo, sino más bien para recabar información sobre él y su motor, el Iroquois.

Estados Unidos utilizó esta información para desarrollar el sistema *Semi-Automatic Ground Environment* (SAGE) y el *Boeing Michigan Aeronautical Research Center* (BOMARC) para acabar con el Avro Arrow. El SAGE era un sistema informatizado que podía detectar, rastrear e interceptar misiles y aviones enemigos. El BOMARC era un sistema de misiles tierra-aire equipado con cabezas nucleares.

Canadá no tenía pruebas de la eficacia de los sistemas BOMARC, pero de todos modos fue presionada para comprarlos. En agosto de 1958, se comunicó a George Pearkes, ministro de defensa de Canadá, que Estados Unidos instalaría el sistema cerca del sur de los Grandes Lagos si no aceptaban la oferta. El posicionamiento de los BOMARC en ese lugar suponía una amenaza nuclear sobre Ontario. Canadá no tuvo más remedio que comprar el BOMARC, lo que significaba que no podía permitirse el Avro Arrow.

Aunque el fin del Arrow decepcionó a muchos, la compra de los BOMARC resultó ser un buen negocio para Canadá. Era una forma más rentable de defenderse de los bombarderos tripulados. El sistema también era capaz de interceptar y de neutralizar aviones enemigos, reduciendo la necesidad de unos cien aviones en el sistema de defensa de Canadá. Además, Estados Unidos estaba dispuesto a cubrir la mayor parte del costo de adquisición del sistema de misiles BOMARC por parte de Canadá, lo que lo convertía en una oferta atractiva.

Aparte del temor a competir con el Avro Arrow, a Estados Unidos le preocupaba que este interceptor, el único diseñado para operar a una altitud de entre 60.000 y 70.000 pies, descubriera la misión de espionaje estadounidense. Estados Unidos volaba con dos aviones espía a 70.000 pies de altura para recabar información sobre los soviéticos. Si la Unión Soviética se hubiera enterado, habría derribado inmediatamente los aviones y lo habría utilizado como prueba de que Estados Unidos intentaba invadir el país.

Los EE. UU. consideraron cuidadosamente el momento de la cancelación, asegurándose de que las versiones del avión que llevaban los motores Iroquois no hubieran realizado ningún vuelo todavía. También adquirieron los datos de fabricación del avión antes de cancelar el proyecto, lo que les permitió desarrollar nuevas tecnologías.

La revelación de los costos subestimados

Después de que Canadá no pudiera vender el Avro Arrow, el interés internacional por el interceptor decayó, lo que condujo a su desaparición. Aunque tanto la Real Fuerza Aérea (RAF) como la Fuerza Aérea de Estados Unidos (USAF) estaban al tanto del proyecto, C.D. Howe, ministro de comercio canadiense en aquel momento, había subestimado el costo en cien millones de dólares. Esto significaba que el programa costaría unos 335 millones de dólares. Por no mencionar que el costo unitario de producir el pequeño número de cien aviones que necesitaba Canadá era mucho más elevado que el costo unitario de fabricar aviones similares en EE. UU. Después de tener en cuenta estas consideraciones, el costo total del proyecto habría sido de 780 millones de dólares, cifra significativamente superior a la estimación inicial. Cuando se canceló el proyecto, ya se había agotado el 97 % de su presupuesto, lo que añadió más presión financiera al gobierno canadiense. El Sr. Pearkes decidió que el BOMARC era una forma más económica de defender el país contra la amenaza de las bombas tripuladas y canceló el proyecto Avro Arrow el 23 de febrero de 1959.

El «viernes negro»

El día de la cancelación se conoció como el «viernes negro». El Sr. Pearkes explicó que los problemas financieros no fueron la única razón por la que se puso fin al programa y que también se debió a la presión de EE. UU. Este proyecto había permitido a Canadá liderar la industria aeronáutica, ya que beneficiaba a todos los países de la OTAN. Sin embargo, Diefenbaker creía que llevar a cabo el proyecto era una iniciativa liberal que iba en contra de todo lo que defendía el gobierno actual.

Diefenbaker sabía que anunciar la cancelación provocaría un alboroto, por lo que recurrió a la propaganda para difundir la idea de que había amenazas de misiles balísticos en lugar de bombarderos tripulados. Así podía presentar los misiles BOMBARC como una solución de defensa más eficaz. Para que la cancelación pareciera más convincente, puso en marcha una prueba falsa, mostrando que el Arrow era significativamente más débil de lo que era. A continuación, canceló el proyecto justo antes del montaje del avión. A pesar de su razonamiento, en general se sabía que un interceptor supersónico era la mejor manera de neutralizar a los bombarderos tripulados avanzados. Sin embargo, acabó comprando los sistemas BOMBARC para defenderse, lo cual resultaba irónico.

Tras la cancelación del Avro Arrow, Canadá firmó acuerdos NORAD y de reparto de la defensa que establecían que el país dejaría de desarrollar aviones avanzados, dejando el desarrollo de armas y motores en manos de EE. UU. Esto obligó a la Real Fuerza Aérea Canadiense (RCAF) a gastar miles de millones de dólares en cazas desarrollados por EE. UU. o Gran Bretaña.

Más de 14.000 ingenieros cualificados y profesionales de la aviación se quedaron sin trabajo, lo que provocó que muchos canadienses de la industria aeroespacial emigraran a Estados Unidos y Gran Bretaña. Muchos de los mejores ingenieros canadienses trabajaron en el avión Civil Concorde, mientras que otros trabajaron en la NASA, contribuyendo a uno de los acontecimientos más significativos de la historia mundial: la llegada del primer hombre a la Luna.

En julio de 1959 se destruyeron todos los diseños, modelos, maquinarias, planos, estudios y cianotipos utilizados para desarrollar el Avro Arrow. También se utilizaron sopletes para derribar todas las versiones de sus aviones y sus restos se vendieron a chatarreros por tan sólo 6,5 centavos la libra.

Diefenbaker respondió desafiante a las críticas durante años después de la cancelación. Explicó en repetidas ocasiones que, aunque se sentía afligido por la cancelación del proyecto, era una acción necesaria. En una entrevista afirmó que el Avro Arrow era un avión hermoso e impresionante y que cancelar el programa y enfrentarse a las críticas y ataques consiguientes requería una gran fortaleza. La necesidad del gobierno de cancelar el programa y borrar sus datos técnicos de la historia sigue cuestionándose hasta el día de hoy.

Las secuelas de la cancelación

Además de adquirir los sistemas BOMARC, Canadá compró 66 cazas de combate Voodoo. No solo eran aviones de segunda mano, sino que además eran más de 0,5 veces más lentos que el Arrow. Curiosamente, el costo combinado de los sistemas BOMARC y los cazas Voodoo que compró Canadá ascendió a más de lo que habría costado el programa Avro Arrow.

Por aquel entonces, un creciente sentimiento antinuclear se extendía entre la opinión pública canadiense. Expresando su fuerte aversión hacia las armas nucleares y las actividades relacionadas con ellas, el público animó al gobierno a pedir el fin de la carrera armamentística y a retirar a sus fuerzas armadas de todas las actividades nucleares. Canadá también cerró el sistema BOMARC.

Gordon, presidente de Avro Canada, dimitió en julio de 1959 y murió ocho años después. Fred Smye, vicepresidente de la empresa en aquel momento, también dimitió en 1959. La empresa se disolvió tres años más tarde y sus activos se vendieron por 15,6 millones de dólares. Aunque la industria aeronáutica canadiense actual funciona razonablemente bien, la cancelación del Avro Arrow tuvo repercusiones a corto y largo plazo en los resultados económicos y políticos de Canadá.

De no haberse cancelado el proyecto, el sector aeroespacial canadiense probablemente se habría beneficiado de los datos técnicos y la experiencia de los científicos cualificados que buscaron empleo en otros países. La cancelación también dejó efectos duraderos en la investigación y el desarrollo de la industria aeroespacial del país.

40. El legado del Arrow perdido: la industria aeroespacial canadiense después del Avro

Afortunadamente, los restos de este legendario proyecto no se han perdido del todo. Hoy en día se pueden encontrar algunos de los componentes originales del Arrow, réplicas y modelos a escala del proyecto en varios museos canadienses. Por ejemplo, el Museo de la Aviación y el Espacio de Canadá exhibe el mayor componente que se conserva del Arrow original: su morro. También se pueden ver las devastadoras palabras *«cut here»* (cortado aquí) en el lugar donde fue sopleteado. El Canadian Air and Space Conservancy también alberga una réplica a tamaño real del avión.

Un grupo de científicos, empresarios e historiadores buscaron recientemente restos de la aeronave en el lago Ontario y descubrieron un objeto relevante en 2017, que resultó ser un pequeño aparato de pruebas de los primeros modelos a escala del Arrow. Decidieron continuar la búsqueda utilizando equipos de sonar submarino, recopilando datos e identificando miles de objetos. Descubrieron un campo de escombros y hallaron la pieza más grande del modelo en 2020.

Los planos del Arrow, que también debían ser destruidos en 1959, se encontraron en casa de Ken Barnes, un diseñador jefe que trabajaba en Avro Canada. Los planos se enviaron al Centro Diefenbaker de Canadá en 2020.

En 1997, se estrenó una miniserie producida por la CBC y Heritage Minutes sobre la historia del Avro Arrow. La producción suscitó reacciones encontradas entre el público, sobre todo por los errores y las escenas ficticias de la película. Un historiador sugirió que la película, en el mejor de los casos, evocaba un sentimiento de pesar y hacía que la gente pensara en cómo podrían haber ido las cosas si no se hubiera cancelado el programa. Jugó con la imaginación de la gente y enmarcó la cancelación como una oportunidad perdida que impidió a Canadá destacar en la industria aeroespacial mundial.

El Canada Post también lanzó un sello conmemorativo que ilustraba el Avro Arrow en 2019. Este lanzamiento formó parte de una emisión de sellos que honraba la experiencia técnica de todos los canadienses en la industria de la aviación militar y civil.

El Avro Arrow era un interceptor supersónico que incorporaba tecnologías avanzadas. Fue el primer avión de su clase en utilizar tecnología de vuelo asistido por computador y sensores. Todo en el interceptor demostraba que estaba adelantado a su tiempo. Sin embargo, la creación del Avro Arrow se detuvo debido a presiones financieras, económicas y políticas.

Su excelencia causó gran preocupación entre los ingenieros aeronáuticos estadounidenses por su incapacidad para competir. El gobierno estadounidense también era consciente de que el Avro Arrow descubriría su misión secreta de espionaje cuando se instalaran y probaran los motores Iroquois. La USAF creó entonces el misil BOMARC y presionó al gobierno canadiense para que lo comprara. Esto, junto con el limitado presupuesto de defensa, la falta de interés internacional en el avión y la escasa comprensión de la nueva tecnología, no dejó al gobierno canadiense otra opción que cancelar el programa. Aunque el programa Avro Arrow finalizó hace más de sesenta años, el legado de este avión permanece.

Capítulo 9: Relatos de la crisis de octubre

La crisis de octubre trae recuerdos de un periodo tumultuoso y divisivo que puso a prueba los cimientos mismos de la nación canadiense. Fue una época que sacudió a la nación hasta lo más profundo, desencadenando un feroz debate sobre el delicado equilibrio entre las libertades civiles y la seguridad nacional. A finales de la década de 1960 surgió el Frente de Liberación de Quebec (FLQ), un grupo separatista radical movido por un ferviente deseo de que Quebec se independizara de Canadá. Sus profundos agravios dentro de la provincia se manifestaron en acciones a menudo violentas e intransigentes.

El ascenso del FLQ, sus motivaciones y la escalada de sus acciones condujeron a la culminación de los acontecimientos de octubre de 1970. Entonces se produjeron los secuestros de James Cross y Pierre Laporte, dos hombres cuyas vidas se vieron alteradas para siempre por los audaces actos del FLQ. Sus secuestros marcaron el punto de no retorno, empujando a Canadá a una crisis que puso a prueba su determinación y sus principios.

Un aspecto central de este capítulo es la controvertida decisión del gobierno federal de invocar la Ley de Medidas de Guerra, una medida sin precedentes en tiempos de paz en Canadá. Esta decisión, nacida de un deseo desesperado de restablecer el orden y asegurar la liberación de los rehenes, encendió apasionados debates en toda la nación. Planteó cuestiones fundamentales sobre la disyuntiva entre salvaguardar la seguridad nacional y preservar las libertades individuales.

41. El ascenso del FLQ: orígenes y motivaciones

Los orígenes y motivaciones del Frente de Liberación de Quebec (FLQ) están profundamente arraigados en el contexto histórico, social y político de Quebec a mediados del siglo XX. La provincia se había caracterizado durante mucho tiempo por una identidad cultural única arraigada en su población francófona y a su herencia católica. Sin embargo, esta identidad había sido a menudo marginada dentro de la federación canadiense. Los quebequeses francófonos, conocidos como «quebecois», sufrían discriminación sistémica, desigualdad económica y tenían un poder político limitado.

Tras la Segunda Guerra Mundial, Quebec empezó a experimentar importantes cambios sociales y económicos. La urbanización y la industrialización transformaron la provincia, provocando un aumento de la emigración de las zonas rurales a ciudades como Montreal. Este periodo de rápidos cambios puso de manifiesto las profundas disparidades existentes en la sociedad quebequense. Mientras algunos prosperaban, muchos quebequenses de clase trabajadora se enfrentaban al desempleo y la pobreza.

La década de 1960 marcó el inicio de lo que se conoce como la «Revolución Tranquila» de Quebec. Durante esta época de agitación, el FLQ empezó a tomar forma.

Uno de los catalizadores de la Revolución Tranquila fue la elección del gobierno liberal de Jean Lesage en 1960. La administración de Lesage aplicó un programa progresista para modernizar Quebec y abordar los antiguos agravios de la provincia. Las reformas incluyeron la nacionalización de la energía hidroeléctrica, la mejora de la educación y la promoción de la lengua francesa. Estos cambios provocaron un despertar cultural y político entre los quebequenses, que empezaron a exigir una mayor autonomía y el reconocimiento de su identidad. Sin embargo, no todos los quebequenses estaban de acuerdo sobre cuál era el mejor camino a seguir. Mientras algunos abogaban por una mayor autonomía dentro de Canadá, otros, incluido el FLQ, creían que la única solución era la independencia total.

El Frente de Liberación de Quebec (FLQ) se fundó en 1963 en un entorno de ideas radicales y revolucionarias que se afianzaron en

Quebec durante la Revolución Tranquila. El objetivo primordial del FLQ era lograr la independencia de Quebec por cualquier medio, incluida la lucha armada si era necesario. El FLQ estaba impulsado por un ferviente sentimiento de nacionalismo quebequés. Creían que Quebec era una nación distinta con su propia lengua, cultura e historia, y veían el federalismo canadiense como un obstáculo para la plena realización del potencial de Quebec.

El FLQ no rehuía el uso de la violencia para lograr sus objetivos. Creían que la lucha armada era un medio legítimo de hacer avanzar la causa, y esta ideología les llevó a cometer una serie de atentados y acciones violentas. El FLQ consideraba que la lucha por la independencia de Quebec estaba íntimamente ligada a problemas más amplios de desigualdad social y económica y se veían a sí mismos como defensores de la clase trabajadora.

Su ideología también tenía una dimensión antiimperialista. Consideraban que Canadá, especialmente el Canadá anglófono, era una potencia colonial que oprimía a Quebec. Se inspiraban en los movimientos anticoloniales mundiales de la época. El FLQ era profundamente laico. Rechazaba la influencia de la Iglesia católica, que tradicionalmente había ejercido una gran influencia en Quebec, y adoptaba una visión más laica y socialista de la provincia.

Las acciones del FLQ que condujeron a la crisis de octubre se vieron alimentadas por sus quejas y frustraciones ante la lentitud del cambio político en Quebec. Uno de los primeros incidentes violentos fue el atentado con una bomba contra la Bolsa de Montreal en 1963. A lo largo de los años, siguieron atentando contra símbolos del poder económico anglo-canadiense, incluidos bancos e instituciones gubernamentales. Estos actos de terrorismo pretendían llamar la atención sobre su causa y ejercer presión sobre el gobierno.

El FLQ creía que sus acciones violentas obligarían a los gobiernos de Quebec y Canadá a prestar atención a sus demandas de independencia. Los secuestros también pretendían conseguir la liberación de miembros del FLQ que habían sido detenidos y encarcelados por actos de violencia anteriores. Esperaban que el caos generado por sus acciones creara un clima de incertidumbre e inquietud y se veían a sí mismos como revolucionarios que podían inspirar a otros grupos marginados, tanto en Canadá como en el resto del mundo, a levantarse contra los opresores percibidos.

42. Pierre Laporte y la crisis de octubre

En octubre de 1970, Quebec se encontraba en medio de una vorágine política y social. El FLQ llevaba varios años intensificando su campaña de violencia y atentados. Su objetivo era la independencia total de Quebec de Canadá y los integrantes del movimiento creían que las acciones violentas forzarían la mano del gobierno. El gobierno federal de Canadá, dirigido por el primer ministro Pierre Trudeau, estaba cada vez más preocupado por la situación en Quebec. Trudeau, que era quebequense, estaba decidido a mantener la unidad del país.

Pierre Laporte, figura destacada de la política de Quebec, fue viceprimer ministro y ministro de trabajo en el gobierno del primer ministro Robert Bourassa. Era conocido por su dedicación al servicio público y su compromiso con la búsqueda de soluciones pacíficas a los problemas políticos de Quebec. Desgraciadamente, esta dedicación le convirtió en objetivo del FLQ. El 10 de octubre de 1970, la vida de Pierre Laporte dio un giro trágico. Mientras jugaba al fútbol con su sobrino en el patio delantero de su casa suburbana de Saint-Lambert, fue secuestrado por miembros del FLQ. Este secuestro descarado causó conmoción en todo el país y elevó la crisis de octubre a un nuevo nivel.

Los captores de Laporte estaban decididos a utilizarlo como moneda de cambio para conseguir la liberación de los miembros del FLQ encarcelados por sus anteriores actos de terrorismo. Hicieron pública una lista de demandas que incluía la liberación de 23 miembros del FLQ encarcelados y un pasaje seguro a Cuba para ellos. El cautiverio de Pierre Laporte fue un periodo de profunda incertidumbre y miedo. Estaba recluido en una pequeña habitación sin ventanas de una casa de Saint-Hubert, un suburbio de Montreal. Sus captores lo mantuvieron encadenado y lo sometieron a tormento psicológico, con la amenaza constante de la violencia cerniéndose sobre él.

El cautiverio de Laporte duró siete días, durante los cuales se le permitió escribir cartas a su familia. Estas cartas, marcadas por una desesperación desgarradora, dejan entrever su estado de ánimo y las duras condiciones de su cautiverio. Suplicaba por su vida, rogando a las autoridades que cumplieran las exigencias del FLQ para conseguir su liberación. El secuestro desencadenó una persecución masiva y una búsqueda desesperada para conseguir su liberación. Los gobiernos de Canadá y Quebec se vieron sometidos a una enorme presión para resolver la crisis. Se entablaron negociaciones y se recurrió a intermediarios para comunicarse con los secuestradores del FLQ.

Una de las figuras clave en estas negociaciones fue Robert Demers, un periodista que había informado anteriormente sobre el FLQ. Demers se convirtió en un intermediario crucial entre el gobierno y el FLQ, trabajando incansablemente para establecer la comunicación y llegar a una resolución. A medida que los días se convertían en semanas, la sensación de urgencia y tensión iba en aumento. La nación estaba en vilo y las noticias dominaban la actualidad diaria. La opinión pública estaba dividida: unos abogaban por una solución pacífica y otros por una respuesta más contundente.

Mientras Pierre Laporte permanecía en cautiverio, se produjo otro acontecimiento dramático. El diplomático británico James Cross, secuestrado por el FLQ el 5 de octubre de 1970, fue liberado el 3 de diciembre de 1970, tras permanecer secuestrado 59 días. La liberación de Cross fue el resultado de unas negociaciones en las que se cumplieron parcialmente algunas de las exigencias del FLQ. La liberación de James Cross marcó un importante punto de inflexión en la crisis de octubre. Demostró que las negociaciones podían conducir a la liberación de rehenes, pero también puso de manifiesto la voluntad del FLQ de recurrir a la violencia y al secuestro para promover su causa.

A pesar de la liberación de James Cross, la situación seguía siendo peligrosa para Pierre Laporte. La vida de Laporte dio un giro trágico el 17 de octubre de 1970, justo un día después de que el gobierno federal promulgara la Ley de Medidas de Guerra. Sus captores, temiendo una intervención militar, decidieron agravar la situación. Pierre Laporte fue encontrado muerto, estrangulado con una cadena, en el maletero de un auto abandonado cerca del aeropuerto de Montreal. Fue un final desgarrador para el desesperado y trágico capítulo de la crisis de octubre. La nación lloró la pérdida de un servidor público entregado a su trabajo y las acciones del FLQ fueron objeto de una condena generalizada.

Tras la crisis, el sentimiento público se alejó de las tácticas de violencia y terrorismo del FLQ. El propio FLQ empezó a perder apoyo entre la población quebequense, ya que muchos se dieron cuenta de que las acciones del grupo no habían hecho avanzar la causa de la independencia.

43. La Ley de Medidas de Guerra: una decisión controvertida

El primer ministro Pierre Trudeau tuvo que tomar una difícil decisión

Chiloa, CC BY-SA 3.0 https://creativecommons.org/licenses/by-sa/3.0, *vía Wikimedia Commons:* https://commons.wikimedia.org/wiki/File:Pierre_Trudeau.jpg

La decisión de invocar la Ley de Medidas de Guerra no se tomó a la ligera y generó un intenso debate en el seno del gobierno y entre los funcionarios canadienses. El primer ministro Pierre Trudeau se enfrentó a una difícil elección a la hora de decidir cómo responder a la rápida escalada de la crisis en Quebec. Algunos miembros del gobierno creían que era necesaria una respuesta rápida y contundente para combatir las acciones violentas del FLQ. Argumentaban que los secuestros y atentados habían creado un clima de miedo e incertidumbre. Era necesario actuar con decisión para restablecer el orden y proteger a los ciudadanos canadienses. Por otro lado, algunos expresaron profundas reservas sobre la invocación de la Ley de Medidas de Guerra. Creían que tal medida suponía una extralimitación del poder gubernamental y entrañaba el riesgo de vulnerar las libertades civiles. Los críticos argumentaban que el FLQ, aunque suponía una grave amenaza, no constituía una insurrección armada ni una invasión, que eran los desencadenantes tradicionales de la Ley de Medidas de Guerra.

El 16 de octubre de 1970, el primer ministro Pierre Trudeau anunció la decisión de invocar la Ley de Medidas de Guerra en un discurso televisado a la nación. El objetivo principal del gobierno era restablecer el orden y garantizar la seguridad de los ciudadanos canadienses. Las acciones del FLQ, incluidos los secuestros de Pierre Laporte y James Cross, crearon una crisis e incertidumbre en Quebec. El gobierno creyó que eran necesarias medidas extraordinarias para controlar la situación. Los funcionarios estaban realmente preocupados por las capacidades e intenciones del FLQ. El grupo había demostrado su voluntad de utilizar la violencia y se temía que sus acciones pudieran ir más allá. La invocación de la Ley de Medidas de Guerra se consideró una forma de neutralizar al FLQ y evitar nuevos actos de violencia.

Al invocar la Ley de Medidas de Guerra, el gobierno quería enviar el mensaje claro de que no toleraría actos de terrorismo y violencia. Esta medida demostró el compromiso del gobierno de proteger la integridad de la nación y de sus ciudadanos. También hubo una considerable presión política sobre el gobierno para que tomara medidas decisivas. La opinión pública estaba dividida y muchos canadienses exigían una respuesta firme a la crisis. La decisión del gobierno reflejaba una respuesta a estas presiones.

La invocación de la Ley tuvo un profundo impacto en las libertades civiles. Otorgaba al gobierno amplios poderes, incluida la capacidad de arrestar y detener a personas sin orden judicial y realizar registros sin consentimiento. Estas medidas se consideraron necesarias para combatir la amenaza del FLQ, pero suscitaron serias preocupaciones sobre las libertades civiles. En virtud de la Ley, más de 450 personas fueron detenidas y encarceladas sin cargos. Estas personas fueron retenidas sin las salvaguardias y protecciones legales habituales que se conceden a los ciudadanos canadienses, lo que dio lugar a acusaciones de encarcelamiento arbitrario e injusto.

La suspensión del *habeas corpus*, un principio jurídico fundamental que protege contra la detención arbitraria, fue un aspecto polémico de la Ley de Medidas de Guerra. Significaba que las personas podían ser retenidas sin derecho a impugnar su detención ante un tribunal. La Ley también permitía la censura de los medios de comunicación, ya que el gobierno tenía potestad para controlar y limitar la información difundida al público. Esto suscitó preocupación por la libertad de prensa y el derecho de acceso a la información.

La imposición de la Ley de Medidas de Guerra afectó de forma desproporcionada a la población quebequense, ya que la mayoría de las actividades del FLQ se centraban en Quebec. Muchos quebequenses sintieron que estaban siendo injustamente atacados y que se estaban violando sus libertades civiles. El uso de la Ley de Medidas de Guerra durante la crisis de octubre tuvo consecuencias a largo plazo para las libertades civiles en Canadá. Planteó cuestiones sobre el equilibrio entre la seguridad nacional y los derechos individuales, lo que llevó a un mayor escrutinio de las acciones del gobierno en tiempos de crisis.

44. Voces del público: reacciones y respuestas

Para muchos canadienses, la crisis de octubre fue una época de miedo y ansiedad. Los repentinos e impactantes secuestros de Pierre Laporte y James Cross causaron conmoción en todo el país. La gente se preocupaba por su seguridad y la de sus seres queridos. La decisión del gobierno de invocar la Ley de Medidas de Guerra fue recibida con opiniones encontradas. Algunos canadienses apoyaron la medida, considerándola necesaria para sofocar la violencia y restablecer el orden. Lo vieron como una demostración del compromiso del gobierno de proteger a sus ciudadanos. Sin embargo, otros se mostraron muy críticos, expresando su preocupación por las libertades civiles y la posibilidad de que el gobierno se extralimitara. Las entrevistas con ciudadanos revelaban la profundidad de estas divisiones en el seno de la opinión pública canadiense.

La crisis de octubre suscitó un debate nacional sobre el equilibrio entre la seguridad nacional y los derechos individuales. En cartas al director, programas de radio y reuniones comunitarias, los canadienses se enzarzaron en animadas discusiones sobre la actuación del gobierno. Algunos defendieron apasionadamente una respuesta contundente a la amenaza del FLQ, mientras que otros abogaron por un enfoque más comedido. Estas conversaciones reflejaban las profundas creencias y valores de la población canadiense. Aunque la crisis se centraba en Quebec, los canadienses de otras provincias también tenían un interés significativo en la resolución del conflicto. Muchos expresaron su solidaridad con el pueblo quebequense, reconociendo sus quejas y su deseo de mayor autonomía. Este sentimiento fue particularmente evidente en los mensajes de apoyo y empatía enviados a Quebec desde todo el país. Los canadienses intentaron superar la división regional y fomentar el entendimiento en estos momentos difíciles.

La liberación de James Cross y la trágica muerte de Pierre Laporte evocaron emociones opuestas. Los canadienses se sintieron aliviados cuando Cross fue liberado tras casi dos meses de cautiverio. Fue un momento de júbilo y esperanza en el que se celebró el regreso sano y salvo de un conciudadano. Sin embargo, el descubrimiento del cuerpo sin vida de Laporte en el baúl de un auto cerca del aeropuerto de Montreal arrojó un manto de luto y tristeza sobre la nación. Las muestras públicas de condolencia y los homenajes se sucedieron poniendo de manifiesto el costo humano de la crisis.

45. El FLQ y su legado

El Frente de Liberación de Quebec dejó un legado duradero en el nacionalismo y el separatismo quebequenses, y sus acciones repercutieron en la política de la provincia y tuvieron un impacto a largo plazo en el movimiento soberanista de Quebec. Las acciones del FLQ durante la década de 1960 y la crisis de octubre de 1970 sirvieron para acentuar el nacionalismo quebequense. Aunque no todos los quebequenses apoyaban sus métodos violentos, el FLQ aprovechó un sentimiento profundamente arraigado de que la identidad cultural y lingüística única de Quebec merecía un mayor reconocimiento y autonomía. La crisis puso de manifiesto las injusticias a las que se enfrentaban los quebequenses, lo que provocó un aumento de los llamamientos a la preservación lingüística y cultural. El radicalismo y la violencia del FLQ también polarizaron a la sociedad quebequense. Mientras que algunos los veían como defensores de la causa de Quebec, otros los consideraban extremistas que empañaban la imagen de la provincia. Esta polarización dentro de la sociedad quebequense contribuyó a crear un sentimiento de división que se mantuvo en la política de Quebec durante décadas.

Tras la crisis de octubre, el gobierno de Quebec, dirigido por el primer ministro Robert Bourassa, puso en marcha medidas para abordar las causas profundas del sentimiento separatista. Entre ellas se incluían políticas para promover la lengua francesa y la cultura quebequense. Las acciones del FLQ influyeron indirectamente en la dirección de la política de Quebec, empujando a la provincia hacia una postura más firme dentro de la federación canadiense. Quizá uno de los legados más significativos del FLQ fue el ascenso del Parti Québécois (PQ). Fundado en 1968, el PQ era un partido político comprometido con la consecución de la independencia de Quebec por medios democráticos. Las acciones del FLQ contribuyeron al éxito electoral del PQ, ya que muchos quebequenses se apartaron del separatismo violento en favor de una vía política hacia la soberanía.

La influencia duradera del FLQ quedó patente en los referendos de 1980 y 1995 sobre la soberanía de Quebec. Aunque ninguno de ellos desembocó en la secesión de Quebec de Canadá, ambos pusieron de manifiesto la longevidad del nacionalismo quebequense y el papel del FLQ en la configuración del panorama político. La «Revolución Tranquila», que había comenzado en la década de 1960, continuó con Quebec afirmando su identidad cultural y lingüística dentro de Canadá.

La aplicación de la Ley de Medidas de Guerra planteó fuertes interrogantes sobre el equilibrio entre la seguridad nacional y las libertades civiles. La crisis puso de relieve la necesidad de establecer directrices y salvaguardias claras durante los estados de excepción, lo que dio lugar a debates permanentes sobre los poderes del gobierno en tiempos de crisis.

La crisis de octubre tuvo un profundo impacto en la política canadiense. Influyó en los debates sobre el papel de Quebec en Canadá, la protección de los derechos de las minorías y la relación entre el gobierno federal y las provincias. La crisis sirvió de catalizador para las negociaciones constitucionales y los debates sobre la repatriación de la Constitución canadiense, que culminaron en la Ley de Canadá de 1982.

La crisis de octubre sigue siendo un momento definitivo de la historia moderna de Canadá. Es objeto de estudio en las aulas, de análisis en el discurso político y de referencia en los debates sobre la relación entre los derechos individuales y la seguridad nacional. La crisis sirve para recordar la naturaleza compleja y a veces polémica del federalismo canadiense y la búsqueda permanente de un justo equilibrio entre unidad y diversidad.

Capítulo 10: Relatos de derechos humanos y libertades en Canadá

Empezando por la historia de la Carta Canadiense de Derechos y Libertades, este último capítulo da una idea de cómo han evolucionado los derechos humanos y el cambio legislativo a lo largo de la historia del país. Tras conocer los primeros fundamentos de los derechos humanos, el capítulo se adentra en momentos significativos como la historia del Caso Personas, un importante punto de inflexión en los derechos de la mujer en Canadá. Tras estos notables casos legales que pusieron a prueba y dieron forma a los derechos y libertades, leerá la historia de cómo la Comisión de la Verdad y la Reconciliación emprendió un viaje hacia el reconocimiento de los derechos, los retos y la justicia de los indígenas a través de su naturaleza dinámica y evolutiva. Las historias de Tommy Douglas, el padre de Medicare, y de la presidenta del Tribunal Supremo, Beverley McLachlin, proporcionan una visión aún más profunda de lo lejos que ha llegado Canadá como nación en muchos aspectos de los derechos humanos.

46. La Carta Canadiense de Derechos y Libertades: un hito en la nacionalidad

La Carta Canadiense de Derechos y Libertades

Canadian Heritage, OGL-C 2.0 http://open.canada.ca/en/open-government-licence-canada*, vía*
Wikimedia Commons:
https://commons.wikimedia.org/wiki/File:Canadian_Charter_of_Rights_and_Freedoms_(English
).jpg

Elemento fundamental de la Constitución de Canadá firmada en 1982, la Carta Canadiense de Derechos y Libertades marcó drásticamente la evolución de los derechos humanos. Con el tiempo, cambió la forma de ver y proteger la libertad en todo el país. Siguiendo la antigua tradición jurídica británica, antes de 1982 el Parlamento era el encargado de las leyes de derechos humanos. Sin embargo, esto significaba que el poder legislativo tenía una norma suprema y, si quería cambiar alguna ley, podía hacerlo fácilmente influyendo en el poder judicial del Parlamento. En otras palabras, las leyes no garantizaban los derechos humanos, ya que estos podían cambiarse a voluntad. Incluso si un parlamento aprobaba una ley, el siguiente podía modificarla o derogarla.

La Carta de Derechos canadiense se aprobó como un intento poco entusiasta de proteger los derechos humanos en 1960. Sin embargo, debido a la supremacía parlamentaria, el Parlamento aún podía modificarla. Además, si el poder legislativo consideraba oportuno utilizar otras leyes para invalidar la Declaración de Derechos, también podía hacerlo. Esto hacía que cualquier proyecto de ley fuera ineficaz en muchos casos, especialmente cuando se trataba de proteger los derechos humanos y la libertad. La solución a este problema era sencilla, aunque de lenta elaboración. Canadá necesitaba un proyecto de ley que regulara y protegiera los derechos humanos y que pudiera incorporarse a la Constitución.

La Carta Canadiense de Derechos y Libertades, promulgada en 1982, otorgaba derechos y libertades esenciales ahora protegidos por la Constitución de Canadá. Prohibía la discriminación por motivos de edad, sexo, color, discapacidad y religión, establecía los derechos indígenas y la validez de los tratados y afirmaba los derechos basados en la lengua.

Aunque sin duda fue un hito monumental, la Carta dejó mucho margen para la interpretación. Por ejemplo, algunos la interpretaron de forma que permitiera la protección de la condición de indígena. Otros la han aplicado para luchar contra la discriminación basada en el estado civil o la orientación sexual, pero no la han considerado una protección sobre ninguna otra base.

Un aspecto igualmente significativo fue que otorgó a Canadá toda la autoridad de la ley suprema del país. La muy debatida y criticada separación del poder legislativo británico hizo temer a la población posibles acciones unilaterales del gobierno federal. Debido a estos temores y a la oposición, la Carta se redactó y promulgó sin la aprobación de Quebec.

Aun así, como parte de la Constitución canadiense, la Carta se convirtió en la ley suprema del país. A día de hoy, ninguna otra ley puede anular los derechos que ampara. Además, los tribunales canadienses tienen autoridad para anular cualquier ley que vaya en contra de la Carta o de cualquier otro principio constitucional. En los casos judiciales, los jueces pueden anular cualquier ley que viole los derechos humanos y la libertad, concediendo esta última automáticamente.

47. El Caso Personas: un punto de inflexión para los derechos de la mujer

A excepción de Quebec, la mayoría de las provincias concedieron el derecho de voto a las mujeres en 1927. Al principio, las mujeres canadienses mayores de 21 años solo podían opinar en las elecciones federales. Sin embargo, más tarde adquirieron la posibilidad de presentarse a las elecciones de la Cámara de los Comunes. Agnes Macphail, la primera mujer integrante de la organización, se afilió en 1921. Sin embargo, a las mujeres canadienses se les seguía negando el acceso al Senado debido a una disposición de la Ley Constitucional de 1867. Este documento proclamaba que solo determinadas «personas» podían ser miembros del Senado. Para determinar si reunían los requisitos, los individuos solo tenían que cumplir unos pocos criterios, ninguno de los cuales hacía referencia al género de la «persona». Sin embargo, en aquella época, la definición jurídica por defecto del término «personas» era la de varón. En consecuencia, la sección de las leyes constitucionales en cuestión implicaba que solo los hombres podían formar parte del Senado.

En una iniciativa pionera apoyada por el Consejo Nacional de Mujeres de Canadá, los Institutos Federados de Mujeres, el Club de Mujeres de Montreal y activistas de Alberta plantearon la entrada en el Senado de Emily Murphy, la primera mujer juez de Canadá. A pesar de ser celebrada por la defensora de la mujer en el sistema judicial, el gobierno desestimó la admisión de Murphy en el Senado, aludiendo a la definición de «persona» de la Ley Constitucional de 1867. No es que Murphy no se lo esperara. Como muchos otros nuevos miembros femeninos del sistema judicial canadiense, a menudo fue descartada como abogada y jueza por ser mujer.

Otros cinco gobiernos jugaron con la idea de tener mujeres integrantes del Senado en los años siguientes. Sin embargo, la Ley Constitucional seguía impidiéndolo. En 1923, se habló de una propuesta para enmendar la ley, pero nunca llegó a materializarse. En 1927, Emily Murphy se hartó de los esfuerzos dilatorios del gobierno y de la constante remisión al documento legal limitador. Murphy se unió a las defensoras de los derechos de la mujer Irene Parlby, Henrietta Muir Edwards, Louise McKinney y Nellie McClung para solicitar al Tribunal Supremo que interpretara una cuestión jurídica de la Ley Constitucional en virtud del artículo 60 de la Ley del Tribunal Supremo. Las cinco mujeres firmaron una petición dirigida al gobernador general en la que solicitaban al Tribunal Supremo que se pronunciara sobre la constitucionalidad de la facultad del Parlamento canadiense de prever la presencia de mujeres en el Senado, tanto si se hacía referencia a la Ley Constitucional como si no, y sobre si el Parlamento de Canadá o el gobernador general del Consejo de Canadá tenían autoridad para decidir si las mujeres podían ser admitidas en el Senado. El ministro de Justicia canadiense de la época pensaba que era inaudito que las mujeres pudieran siquiera obtener una decisión del Tribunal Supremo sobre algo. Sin embargo, el Tribunal Supremo se tomó su tiempo para debatir si las mujeres estaban incluidas en el término «persona» de la parte notoria de la Ley de la América del Norte Británica. Lamentablemente, su respuesta fue desfavorable. En consecuencia, las mujeres no podían formar parte del Senado en 1928 porque seguían sin ser consideradas «personas» según la legislación canadiense. Dos argumentos respaldaron la decisión. Uno alegaba simplemente que, si la ley hubiera pretendido acoger a mujeres en el Senado, lo habría especificado. El segundo partía de la premisa de que (a pesar de los numerosos cambios en el sistema judicial canadiense), la ley en cuestión debía interpretarse del mismo modo en que se aceptó en 1867.

Aun así, las cinco mujeres (las *famous five* —cinco famosas—, como se las conoció por su lucha) no se amilanaron. Solicitaron una revisión de la sentencia del Tribunal Supremo al Comité Judicial del Consejo Privado de Londres, el más alto tribunal de apelación de Canadá en aquella época. Esta vez el veredicto fue mucho más positivo. El Consejo Privado anuló la decisión del Tribunal Supremo y determinó que las mujeres están incluidas en la expresión «personas» del artículo 24. A partir de ese momento, las mujeres podrían ser nombradas miembros del Senado de Canadá. Ahora podían abogar por cambios tanto en la Cámara de los Comunes como en el Senado. Sin embargo, los resultados finales del caso (que pasó a los libros de historia como el Caso Personas) tuvieron un impacto mucho más profundo en los derechos de las mujeres en Canadá. La victoria significó que sus derechos debían mantenerse independientemente de la interpretación de la ley.

Las mujeres obtuvieron el derecho a presentarse a las elecciones provinciales en marzo de 1934 en la mayoría de las provincias, excepto en Quebec, donde se les concedió esta libertad en 1940. Sin embargo, las mujeres no blancas tuvieron más dificultades a la hora de obtener el derecho de voto. Por ejemplo, las mujeres mestizas solo podían votar si cumplían determinados requisitos, como ser propietarias y tener cierta edad. Las mujeres inuit obtuvieron el derecho al voto en 1950, mientras que las mujeres de las Primeras Naciones no lo obtuvieron hasta 1960.

Las cinco famosas fueron objeto de duras críticas. Mientras algunos consideraban que las actividades femeninas eran heraldos del progreso y signos de una modernización muy necesaria, otros argumentaban que eran elitistas y racistas. Se las asoció con legislaturas que promulgaron la esterilización forzosa de mujeres (principalmente) indígenas y otras facetas del infame movimiento eugenésico.

Sin embargo, no se puede negar ni restar importancia a los logros del grupo. Cairine Wilson se convirtió en la primera mujer senadora de Canadá como resultado de su triunfo a principios de la década de 1930. El nombramiento de Wilson tuvo otros efectos de gran alcance, además de reafirmar la noción de que las mujeres eran consideradas «personas» por la ley. Fue un momento crucial en la historia de los derechos de la mujer, junto con el Caso Personas en general. Sin embargo, la lucha por la igualdad de la mujer, casi un siglo después, sigue en pie.

En 1979 se crearon los Premios del gobernador general para mantener vivo el legado del Caso Personas. Cada año, los galardonados son cinco personas que contribuyen de forma significativa a mejorar los derechos de la mujer en Canadá. En 1999 se construyó un monumento conmemorativo con el lema «¡Las mujeres son Personas!» en la Plaza Olímpica de Calgary. Posteriormente, se erigió un monumento similar en la colina del Parlamento de Ottawa. En el billete de 50 dólares de la serie Canadian Journey de la Real Casa de la Moneda de Canadá figura una ilustración de este último.

48. Verdad y reconciliación: el viaje hacia los derechos de los indígenas y la justicia

Como parte del Acuerdo sobre los Internados Indígenas, en 2007 se creó la Comisión de la Verdad y la Reconciliación (CVR) para recabar información sobre las consecuencias del sistema de internados indígenas. Además de dar la palabra a los antiguos alumnos, sus familias y sus comunidades para que hablaran de sus experiencias, también se aseguró que el resto de la población no indígena escuchara y conociera estas verdades. El objetivo era fomentar la reconciliación entre todos los canadienses.

Durante seis años, los miembros de la Comisión viajaron por todo el país recogiendo testimonios de los miembros y dirigentes de las comunidades inuit, métis y de las Primeras Naciones. También organizaron varios actos, incitando al público canadiense a informarse sobre cómo funcionaban los sistemas de internados y cómo afectaban a las comunidades indígenas. Los testimonios recogidos de antiguos alumnos y sus comunidades también dieron lugar a un análisis detallado del sistema. El registro de este análisis encontró un hogar permanente en el Centro Nacional para la Verdad y la Reconciliación de la Universidad de Manitoba.

En 2015, el Centro Nacional para la Verdad y la Reconciliación elaboró un informe final que incluía conclusiones y recomendaciones para fomentar una mayor reconciliación entre las comunidades indígenas y no indígenas. Aceptado en nombre del gobierno canadiense por el primer ministro Justin Trudeau, este informe final comienza rindiendo homenaje a la valentía de cada antiguo alumno y de los miembros de su comunidad que compartieron sus puntos de vista sobre el desgarrador legado de los internados. Como resultado, los gobiernos se comprometieron a reconstruir las relaciones entre las distintas naciones, fomentando la cooperación, el respeto mutuo y el reconocimiento de los derechos indígenas. La Comisión de la Verdad y la Reconciliación y los representantes de los métis, las Primeras Naciones y los inuits siguen formulando recomendaciones para acelerar la reconciliación. Como primer paso hacia este objetivo, el gobierno canadiense adoptó la Declaración de las Naciones Unidas sobre los Derechos de los Pueblos Indígenas, revirtiendo su anterior decisión de votar en contra.

Trabajando en colaboración con las comunidades indígenas afectadas por los internados y siguiendo las recomendaciones de la CVR, el gobierno fijó varios objetivos hacia la reconciliación. Entre ellos figuran el reconocimiento de las injusticias del pasado y la búsqueda de vías para sanarlas, el fomento del avance en la prosperidad y la autodeterminación y la promoción de comunidades fuertes con relaciones sanas dentro y fuera de ellas.

Como parte del sistema para abordar las injusticias del pasado y sanarlas, la CVR recomendó centrarse en reivindicaciones concretas y concebir un plan de acción sobre cómo abordarlas para mejorar las relaciones intercomunitarias.

Al trabajar con miembros métis, inuit y de las Primeras Naciones, la atención se centró en proporcionar un mejor acceso a los servicios esenciales, como una vivienda segura, agua potable, atención sanitaria física y mental de urgencia, recursos naturales y el fomento de la autodeterminación para buscar mejoras para las personas y las comunidades y recursos para hacer frente a los efectos del cambio climático. Todo ello contribuye en gran medida a construir y mantener una relación poderosa basada en el reconocimiento y el respeto de los derechos. La adopción de la Ley de la Declaración de la ONU sobre los Derechos de los Pueblos Indígenas también significa que las comunidades indígenas disfrutan ahora de mayor protección para su lengua, los tratados y otros acuerdos, y pueden buscar educación con mayor libertad. Esto supuso un paso hacia la reconciliación económica con las comunidades no indígenas, otro enorme hito en la revolución de los derechos humanos en Canadá.

49. Tommy Douglas: el padre de Medicare

Tommy Douglas hizo posible un sistema sanitario bien organizado
https://commons.wikimedia.org/wiki/File:Tommy_Douglas_1955.jpg

Canadá se enorgullece de poseer uno de los sistemas sanitarios mejor organizados del mundo y ello fue posible gracias a Tommy Douglas, antiguo primer ministro de la provincia de Saskatchewan. Al principio, prometió políticas que cambiarían muchos aspectos del sistema social, induciendo los derechos humanos y la atención sanitaria. Debido a sus numerosos beneficios, entre ellos la mejora de la calidad de vida y la lucha contra la injusticia social, las políticas pronto se implantaron también a escala nacional.

Hoy en día, Medicare hace de Canadá uno de los mejores países en cuanto a acceso a la asistencia sanitaria. Sin embargo, no siempre fue así. Durante la Gran Depresión de los años treinta, todo el continente carecía de acceso a la atención médica. Siendo una de las provincias canadienses más olvidadas de la época, Saskatchewan también fue víctima de unas infraestructuras deficientes, lo que provocó condiciones inseguras tanto para los trabajadores de la sanidad pública como para los pacientes. Ni siquiera intentaban buscar atención médica. Sin salarios mínimos obligatorios ni un sindicato de trabajadores que luchara por ellos, la gente no solía tener dinero suficiente para buscar ayuda médica. Con organizaciones sanitarias públicas inadecuadas, solo aquellos que podían permitirse servicios privados podían salvarse de los problemas provocados por discapacidades físicas o mentales, accidentes y enfermedades.

La decisión de Tommy Douglas de implantar un plan de seguro hospitalario financiado con fondos públicos en Saskatchewan en 1947 fue un cambio muy bien acogido. Un año después, Ontario, Columbia Británica y Alberta adoptaron políticas similares y pronto el gobierno federal empezó a conceder subvenciones para financiar estos planes en cada provincia.

Pocos años después se promulgó la Ley de Seguro Hospitalario y Servicios de Diagnóstico. En 1957, el resto de provincias canadienses también se adhirieron al sistema de cobertura universal de asistencia hospitalaria. El último paso fue la promulgación de la Ley de Salud de Canadá, en 1984, otro hito significativo en este viaje hacia una mejor asistencia sanitaria iniciado por Tommy Douglas. Esta legislación promulgada por el gobierno canadiense define los criterios y condiciones con los que trabajan los programas de seguro médico público de todo el país para obtener fondos. Aunque cada provincia es libre de adherirse a esta ley, la mayoría encuentra en los beneficios financieros un excelente incentivo para hacerlo. Gracias a ello, la salud de todos los canadienses puede mantenerse y mejorarse sin limitaciones financieras. Todos pueden tener acceso a una asistencia sanitaria de calidad y recuperar, mejorar y proteger sus derechos físicos y mentales.

Tommy Douglas, ahora conocido como el padre de este sistema de sanidad pública, influyó enormemente en la forma en que Canadá trata la salud incluso hoy en día. Le costó mucho trabajo y determinación enfrentarse a quienes se oponían a sus ideas, que eran muchos. Sin embargo, se mantuvo firme en sus convicciones y demostró a todo el país que si existía la necesidad de un sistema que mejorara la vida de muchos, también había una solución para construirlo. Como defensor de todos aquellos que no podían permitirse una asistencia sanitaria privada, Tommy Douglas contribuyó a mejorar la calidad de vida de la gente en su generación y en todas las siguientes.

Además de garantizar el acceso inmediato a la atención médica, sentó las bases de las políticas sanitarias y de seguros para los ancianos, los discapacitados o marginados, los trabajadores y cualquier otro ciudadano del país.

50. Beverley McLachlin, la primera mujer presidenta del Tribunal Supremo de Canadá

Nacida y criada en una aislada comunidad agrícola de Pincher Creek, Alberta, Beverley McLachlin aprendió muy pronto el poder de la perseverancia y la comunidad. Tras licenciarse en Filosofía en 1965, empezó a estudiar Derecho por sugerencia de su futuro marido. Fiel a su naturaleza trabajadora, hizo un máster en Filosofía y una licenciatura en Derecho, que obtuvo en 1968. Tras un comienzo difícil para conseguir la pasantía obligatoria (los bufetes de abogados no estaban muy dispuestos a contratar a mujeres, y menos aún a mujeres casadas), fue admitida en el Colegio de Abogados de Alberta en 1969. Para encontrar mejores oportunidades de ejercer, se trasladó a Columbia Británica en 1971, donde también se colegió. También tuvo la oportunidad de cultivar su pasión por el mundo académico desde sus años de formación mientras ejercía como profesora titular asociada en la Facultad de Derecho de la Universidad de Columbia Británica de 1974 a 1981.

En la primavera de 1981, Beverley McLachlin inició su larga y próspera carrera judicial al ser nombrada primero jueza del Tribunal del Condado de Vancouver, después de que el primer ministro Pierre Trudeau planteara la cuestión de la falta de representación femenina en la judicatura federal. Medio año más tarde, fue nombrada jueza de primera instancia del Tribunal Supremo de Columbia Británica. Tras ser elevada al cargo de presidenta del Tribunal Supremo de Columbia Británica en 1989 y como jueza del Tribunal Supremo de Canadá en 1989, obtuvo el título que grabó para siempre su nombre en los libros de historia: prestó juramento como la primera mujer presidenta del Tribunal Supremo de Canadá. Además de desempeñar sus funciones en el Tribunal Supremo y publicar numerosos artículos y libros, la presidenta del Tribunal Supremo Beverley McLachlin fue también presidenta del Consejo Consultivo de la Orden de Canadá, de la Junta de Gobernadores del Instituto Judicial Nacional y del Consejo Consultivo de la Orden de Canadá hasta su jubilación en 2017.

Conclusión

Al principio de este viaje por la historia de Canadá, conoció a los inuit y a los métis. Al explorar sus raíces ancestrales, tradiciones culturales y creencias espirituales, tuvo la oportunidad de ver cómo su papel dio forma a Canadá. A pesar de tener que enfrentarse a las difíciles condiciones climáticas y a las vacilantes interacciones con los colonos europeos, el rico tapiz de su estructura cultural y social les permitió adaptarse a las circunstancias. La perspectiva de las sociedades indígenas influyó incluso en el viaje del explorador francés Jaques Cartier a través de Canadá. Guiado por la necesidad europea de exploración y el deseo de nuevas rutas comerciales, el viaje de Cartier y la posterior reclamación de Canadá para Francia y la cartografía del río San Lorenzo tuvieron una extraordinaria importancia para el futuro de Canadá.

A continuación, conoció al pueblo hurón-wendat y aprendió sobre su sociedad y cultura a través de relatos sobre su historia. El uso estratégico de las pieles durante esta época alimentó numerosos conflictos, entre ellos las guerras de los Castores. Además del innegable impacto medioambiental, estas batallas tuvieron efectos a largo plazo sobre los hurón-wendat y otras tribus y sobre la formación de Canadá.

En el siguiente capítulo se analizaron las raíces de la identidad francocanadiense, teniendo en cuenta su singular herencia cultural, su lengua y su religión. El capítulo siguiente presentaba relatos sobre la Confederación canadiense, tocando temas como el clima político y las motivaciones que impulsaron este acontecimiento (como la conferencia de Charlottetown) y las implicaciones inmediatas y a largo plazo de la

Confederación en el desarrollo de Canadá como nación.

Como aprendió en el capítulo dedicado a esto, a pesar del descubrimiento de oro, la avalancha de buscadores y el rápido crecimiento de Dawson City (y más tarde de la economía y la infraestructura de Yukón y Canadá), la travesía del Klondike deparó sorpresas mucho más duras que satisfactorias, especialmente para los indígenas. Sin embargo, durante la Primera Guerra Mundial, todo el país aprendió el significado del sacrificio al enfrentarse a la guerra con valor y determinación.

A través de los relatos de la saga Avro Arrow, leyó sobre la importancia de este ambicioso proyecto aeroespacial. Además de presentar el Avro Arrow, su función prevista y sus avanzadas características tecnológicas, el capítulo detalló el desarrollo del proyecto, haciendo hincapié en la dedicación y las habilidades de los ingenieros canadienses, junto con las circunstancias que condujeron a su controvertida cancelación y a la pérdida de soldados cualificados.

El penúltimo capítulo aborda facetas aún más sombrías de la historia canadiense: la crisis de octubre. Leyéndolo, tuvo la oportunidad de ver qué llevó al surgimiento del Front de Libération du Quebec, acontecimientos como los secuestros de James Cross y Pierre Laporte y la invocación sin precedentes por parte del gobierno federal de la Ley de Medidas de Guerra. Para concluir su viaje, se ha hecho una idea de la colorida evolución de los derechos humanos y del cambio legislativo canadiense en los últimos años. Desde los primeros cimientos de los derechos humanos, pasando por la introducción de la Carta Canadiense de Derechos y la posterior adopción de la Carta Canadiense de Derechos y Libertades, el proceso tuvo muchos altibajos. Sin embargo, todo ello demuestra lo lejos que ha llegado Canadá como nación.

Mira otro libro de la serie

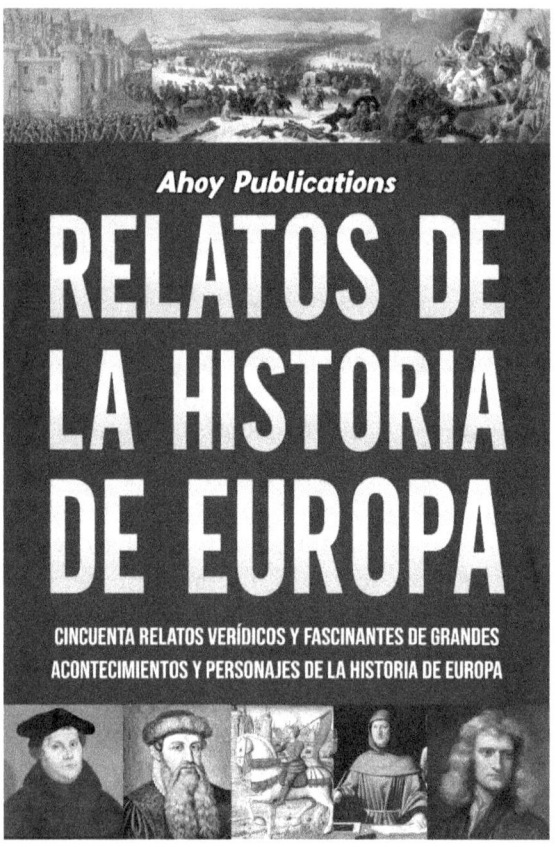

Referencias

(sin fecha). Historyofrights.Ca. https://historyofrights.ca/wp-content/uploads/documents/FLQ_appendixz.pdf

(sin fecha). Umaine.edu. https://umaine.edu/teachingcanada/wp-content/uploads/sites/176/2015/06/Henri-Bourassa-Levitt.pdf

Allaire, B. (s.f.). Jacques Cartier. Thecanadianencyclopedia.Ca. https://www.thecanadianencyclopedia.ca/en/article/jacques-cartier

Introducción a la historia de Canadá. (2015, 15 de octubre). Humber College. https://humber.ca/course/introduction-canadian-history

Una introducción a la historia de Canadá. (s.f.). Queensu.Ca. https://www.queensu.ca/artsci_online/courses/an-introduction-to-canadian-history

Arseneau, J. (2017, 16 de noviembre). La revolución fallida de Canadá: las rebeliones de 1837-1838. En defensa del marxismo. https://www.marxist.com/canada-s-failed-revolution-the-rebellions-of-1837-1838.htm

Avro Arrow. (s.f.-a). La enciclopedia canadiense. https://www.thecanadianencyclopedia.ca/en/article/avro-arrow

Avro Arrow. (s.f.-b). Canadian Science & Technology Museum Corporation. https://ingeniumcanada.org/channel/innovation/avro-arrow

Batalla de Passchendaele. (s.f.). Nam.ac.uk. https://www.nam.ac.uk/explore/battle-passchendaele

Batalla de Quebec 1775: Fecha y Revolución estadounidense. (2009, 2 de noviembre). HISTORIA. https://www.history.com/topics/american-revolution/battle-of-quebec-1775

Batalla de Quebec. (sin fecha). Nam.ac.uk.
https://www.nam.ac.uk/explore/battle-quebec

Belshaw, J. D. (2015). 1.1 introducción. En Historia de Canadá: Pre-Confederación. BCcampus.

Borden, S. R. (s.f.). La vida en casa durante la guerra: el frente interno. Canadá y la Primera Guerra Mundial.
https://www.warmuseum.ca/firstworldwar/history/life-at-home-during-the-war/the-home-front/

Buckner, P. A. (s.f.). Rebelión en el Bajo Canadá (la guerra de los patriotas). Thecanadianencyclopedia.Ca.
https://www.thecanadianencyclopedia.ca/en/article/rebellion-in-lower-canada

Canadá, una nación por acuerdo: Newfoundland se une a Canadá. (sin fecha). Canadahistoryproject.Ca. https://canadahistoryproject.ca/1949/index.html

Canada, V. A. (2019, 8 de agosto). Canadá recuerda a las mujeres en el frente interno. Veterans.Gc.Ca. https://www.veterans.gc.ca/eng/remembrance/those-who-served/women-veterans/homefront

Canada, V. A. (2020, 23 de enero). Primera Guerra Mundial (1914 - 1918) - Asuntos de veteranos Canadá. Veterans.Gc.Ca.
https://www.veterans.gc.ca/eng/remembrance/wars-and-conflicts/first-world-war/

Canada, V. A. (2022, 12 de julio). La batalla de Vimy Ridge. Veterans.Gc.Ca.
https://www.veterans.gc.ca/eng/remembrance/wars-and-conflicts/first-world-war/battle-of-vimy-ridge

El sueño del jet canadiense: el Avro Arrow - Google Arts & Culture. (sin fecha). Google Arts & Culture.
https://artsandculture.google.com/story/canada%E2%80%99s-jet-age-dream-the-avro-arrow-canada-aviation-and-space-museum/RgWh1ZCGfwg4IQ?hl=en

El rol de Canadá en la Primera Guerra Mundial (n.d.). Mta.Ca.
https://www.mta.ca/library/courage/canadasroleinwwi.html

Canadian Geographic. (2018, 5 de junio). La resistencia del río Rojo. Indigenouspeoplesatlasofcanada.Ca; Canadian Geographic.
https://indigenouspeoplesatlasofcanada.ca/article/red-river-resistance/

Historia de Canadá/Introducción. (s.f.). Wikibooks.Org.
https://en.wikibooks.org/wiki/Canadian_History/Introduction

Museo Canadiense de Historia. (s.f.). Relatos de la Confederación. Teachers' Zone | Museo Canadiense de Historia.
https://www.historymuseum.ca/teachers-zone/stories-of-confederation/

Carmack), S. T. (kate. (s.f.). Keish (Skookum Jim Mason) (Servicio de Parques Nacionales de EE. UU.). Nps.gov. https://www.nps.gov/people/keish-skookum-jim.htm

Cartier, W. de J. (s.f.). Jacques Cartier. Newworldencyclopedia.org. https://www.newworldencyclopedia.org/entry/Jacques_Cartier

Paso de Chilkoot: La «escalera de oro». (s.f.). Washington.edu. https://www.lib.washington.edu/specialcollections/collections/exhibits/klondike/case7-8

Relatos del paso de Chilkoot - Klondike Gold Rush National Historical Park (U.S. National Park service). (s.f.). Nps.gov. https://www.nps.gov/klgo/learn/historyculture/chilkoot-history.htm

Civilization.Ca - historia del Medicare canadiense - 1958-1968 - autonomía de la provincia de La Belle. (s.f.). Historymuseum.Ca.

Confederación (resumen en lenguaje sencillo). (s.f.). Thecanadianencyclopedia.Ca. https://www.thecanadianencyclopedia.ca/en/article/confederation-plain-language-summary

Curtis, A. (2021, 3 de agosto). Avro Arrow | VALOUR CANADA. https://valourcanada.ca/military-history-library/avro-arrow/

El imperio de la bahía: Jacques Cartier. (sin fecha). Pbs.org. https://www.pbs.org/empireofthebay/profiles/cartier.html

Erb, M. C. (2020, 14 de agosto). Jueza Beverley McLachlin: Un viaje extraordinario a 'la silla central'. Judicature | The Scholarly Journal About the Judiciary. https://judicature.duke.edu/articles/a-remarkable-journey-to-the-centre-chair/

Fidler, R. (s.f.). Recordar la crisis de octubre de Quebec. Canadiandimension.com. https://canadiandimension.com/articles/view/remembering-quebecs-october-crisis

Foot, R., & Bumsted, J. M. (2016). Rebelión del río Rojo. En Enciclopedia Británica.

La nueva voz del Canadá francés. (s.f.). CBC News. https://www.cbc.ca/history/EPISCONTENTSE1EP11CH2PA4LE.html

Geloso, V., & Kufenko, V. (2018). ¿Mercados para las rebeliones? Las rebeliones de 1837-38 en el bajo Canadá. SSRN Electronic Journal. https://doi.org/10.2139/ssrn.3235561

Gobierno de Canadá, Relaciones, C.-I., & Asuntos del Norte de Canadá. (2015, 14 de diciembre). Comisión de la verdad y la reconciliación de Canadá. Rcaanc-Cirnac.Gc.Ca. https://www.rcaanc-cirnac.gc.ca/eng/1450124405592/1529106060525

Gobierno de Canadá, Relaciones, C.-I., & Asuntos del Norte de Canadá. (2022, 6 de mayo). El viaje de la reconciliación. Rcaanc-Cirnac.Gc.Ca. https://www.rcaanc-cirnac.gc.ca/eng/1651868378940/1651868435684

Guo, S. Z. (2020, 3 de noviembre). Avro Arrow: Una leyenda eterna - Simon Zirui Guo - Medium. Medium. https://simonguozirui.medium.com/avro-arrow-an-untimely-legend-a0e9ca7d4a14

Hand, T. (2023, 15 de junio). Esquina americana: La Confederación iroquesa. Columnista local. https://www.bryancountynews.com/opinion/americana-corner-iroquois-confederacy/

Historic Background. (2022, 31 de julio). Sainte-Marie entre los hurones. https://saintemarieamongthehurons.on.ca/about-us/historic-background/

Relato del Paso Blanco - Klondike Gold Rush National Historical Park (Servicio de Parques Nacionales de Estados Unidos). (s.f.). Nps.gov. https://www.nps.gov/klgo/learn/historyculture/white-pass-history.htm

Historia de Vimy Ridge. (s.f.). Vimyfoundation.Ca. https://vimyfoundation.ca/learn/vimy-ridge

Introducción a la Historia de Canadá. (s.f.). Clase del señor Caners: 2016-2017. http://mrcaners.weebly.com/introduction-to-canadian-history.html

Jacques Cartier - la Era de las Exploraciones. (2013, 16 de noviembre). Marinersmuseum.org. https://exploration.marinersmuseum.org/subject/jacques-cartier/

Jacques Cartier. (2009, 9 de noviembre). HISTORY. https://www.history.com/topics/exploration/jacques-cartier

Jones, R. (s.f.). Nacionalismo francocanadiense. Thecanadianencyclopedia.Ca. https://www.thecanadianencyclopedia.ca/en/article/french-canadian-nationalism

La fiebre del oro de Klondike. (2018, 17 de enero). HISTORY. https://www.history.com/topics/19th-century/klondike-gold-rush

La fiebre del oro de Klondike. (s.f.). Dawson City Yukon. https://dawsoncity.ca/discover-dawson/klondike-gold-rush/

Metrópoli de las cabañas de troncos: Circle City - Yukon - Charley Rivers National Preserve (U.S. National Park Service). (s.f.). Nps.gov. https://www.nps.gov/yuch/learn/historyculture/circle-city.htm

Mason, James «Skookum» Jim (Kèsh) Persona Histórica Nacional. (s.f.). https://www.pc.gc.ca/apps/dfhd/page_nhs_eng.aspx?id=1703

Mathew, R. (s.f.). Ojos expertos: El proyecto Gran Ballena. Expert-Eyes.Org. https://www.expert-eyes.org/whale.html

McIntosh, A., & Cooper, C. (s.f.). crisis de octubre. Thecanadianencyclopedia.Ca. https://www.thecanadianencyclopedia.ca/en/article/october-crisis

McIntosh, A., Waite, P. B., & Martin, G. (s.f.). Conferencia de Charlottetown. Thecanadianencyclopedia.Ca. https://www.thecanadianencyclopedia.ca/en/article/charlottetown-conference

Monique D. Auger, M. S. (2021). Entender nuestro pasado, reclamar nuestra cultura: resistencia, resiliencia y conexión con la tierra de los métis durante el colonialismo. Journal of Indigenous, 10(1).

Munroe, S. (2005, 21 de abril). ¿Qué fue la Confederación canadiense? ThoughtCo. https://www.thoughtco.com/confederation-510087

Terranova. (s.f.). Cambridge.org. https://dictionary.cambridge.org/us/dictionary/english/newfoundland

Palframan, J. R. (s.f.). Levantando el velo de la violencia: La crisis de octubre. Kennesaw.edu. https://digitalcommons.kennesaw.edu/cgi/viewcontent.cgi?article=1014&context=ojur

Perla, A. (s.f.). La Carta Canadiense de Derechos y Libertades. CMHR. https://humanrights.ca/story/canadian-charter-rights-and-freedoms

Caso Personas. (s.f.). Thecanadianencyclopedia.Ca. https://www.thecanadianencyclopedia.ca/en/article/persons-case

Resistencia del Río Rojo. (s.f.). Thecanadianencyclopedia.Ca. https://www.thecanadianencyclopedia.ca/en/article/red-river-rebellion

Robinson, A. (s.f.). Destino Manifiesto. Thecanadianencyclopedia.Ca. https://thecanadianencyclopedia.ca/en/article/manifest-destiny

Tribunal Supremo de Canadá. (2001, 1 de enero). Tribunal Supremo de Canadá - Biografía - Beverley McLachlin. Scc-Csc.Ca. https://www.scc-csc.ca/judges-juges/bio-eng.aspx?id=beverley-mclachlin

taniam. (2022, 10 de mayo). 1640 - 1701 - Las guerras de los Castores (guerras entre franceses e iroqueses) y el traslado forzoso al condado de Door, Wisconsin. NHBP. https://nhbp-nsn.gov/timeline/1640-1701/

Tattrie, J., & McIntosh, A. (s.f.). Terranova y Labrador y la Confederación. Thecanadianencyclopedia.Ca. https://www.thecanadianencyclopedia.ca/en/article/newfoundland-and-labrador-and-confederation

La batalla de Quebec. (s.f.). Theamericanrevolution.org. http://theamericanrevolution.org/battledetail.aspx?battle=6

La batalla de Vimy Ridge. (s.f.). Warmuseum.Ca. https://www.warmuseum.ca/the-battle-of-vimy-ridge/

La Enciclopedia Canadiense. (s.f.). La Revolución Tranquila (resumen en lenguaje sencillo). Thecanadianencyclopedia.Ca. https://www.thecanadianencyclopedia.ca/en/article/quiet-revolution-plain-language-summary

La Enciclopedia Canadiense. (s.f.). Sir John A. Macdonald. Thecanadianencyclopedia.Ca.

https://www.thecanadianencyclopedia.ca/en/article/sir-john-alexander-macdonald

Los hurón-wendat en Wendake. (2017, 7 de junio). La historia de Ste. Marie II. https://www.communitystories.ca/v2/story-of_histoire-de-ste-marie-ii/story/hurón-wendat-wendake/

La crisis de octubre. (s.f.). CBC News. https://www.cbc.ca/history/EPISCONTENTSE1EP16CH1PA4LE.html

La búsqueda de restos del Avro Arrow en el lago Ontario concluye con un descubrimiento. (s.f.). Global News. https://globalnews.ca/video/7358157/the-search-for-remnants-of-the-avro-arrow-in-lake-ontario-concludes-with-a-discovery

Tommy Douglas: padre de Medicare y del sistema sanitario universal canadiense. (s.f.). Linkedin.Com. https://www.linkedin.com/pulse/tommy-douglas-father-medicare-canadian-universal-som-mbbs-mba/

Verhovek, S. H. (1992, 12 de enero). Power Struggle. The New York Times. https://www.nytimes.com/1992/01/12/magazine/power-struggle.html

Waite, P. B. (s.f.). La Confederación. Thecanadianencyclopedia.Ca. https://www.thecanadianencyclopedia.ca/en/article/confederation

Wendat (Hurón). (s.f.). Thecanadianencyclopedia.Ca. https://www.thecanadianencyclopedia.ca/en/article/huron

Lo que hay que saber sobre la tercera batalla de Ypres. (s.f.). Imperial War Museums. https://www.iwm.org.uk/history/what-you-need-to-know-about-the-third-battle-of-ypres-passchendaele

Yu, C. (s.f.). Historia de Quebec. http://faculty.marianopolis.edu/c.belanger/quebechistory/federal/johna.htm

www.ingramcontent.com/pod-product-compliance
Lightning Source LLC
Chambersburg PA
CBHW070725130626
46553CB00005B/2155